Kurt Tepperwein
mit Felix Aeschbacher

Intuition – die geheimnisvolle Kraft

Kurt Tepperwein
mit Felix Aeschbacher

Intuition – die geheimnisvolle Kraft

So nehmen Sie Ihre innere Stimme wahr und verwirklichen Ihre Träume

mvg Verlag

Bibliografische Information der Deutschen Bibliothek
Die Deutsche Bibliothek verzeichnet diese Publikation in der Deutschen Nationalbibliografie; detaillierte bibliografische Daten sind im Internet über http://dnb.ddb.de abrufbar.

Umschlaggestaltung: Vierthaler & Braun Grafikdesign, München
Umschlagfoto: © The Image Bank/getty images
Satz: Redline GmbH, Jürgen Echter
Druck und Bindearbeiten: Ebner & Spiegel, Ulm
Printed in Germany 07177/070602
ISBN 3-636-07177-7

Inhalt

Vorwort von Felix Aeschbacher 9

Einleitung:
Die Metamorphose vom *Ego* zum *Selbst* 21

Intuition: Der Beginn eines neuen Zeitalters 25
Die Entwicklung der Kommunikation 26
Die hohe Schule der Kommunikation 32
Übung 1: Auf Empfang gehen 37

Die Grenzen des Verstandes 41
Der Schritt zur Intuition 42
Vom Opfer- zum Schöpferbewusstsein 46
Träume wahrnehmen und verwirklichen 49
Die Quelle der Intuition 51
Das Leben als Spiel 54
Ein Leben ohne Stress 59
Übung 2: Gezielt intuitieren 62

Zu Bewusstsein kommen 67
Übung 3: Ganzheitlich atmen und denken 70

Stimmig leben 73
Die Leichtigkeit des Seins 78
Übung 4: Vom *Ego* zum *Selbst* 80

Wahrnehmen, erkennen, sein 85
Mitschöpfer der Schöpfung 88

Die Ego-Revolte 91
Frequenzen der Intuition 92
Zwei Arten der Wahrnehmung 93
Intuitiv leben 95
Im Zyklus der Zeit 102
Die Macht der Stimmigkeit 105
Das Geheimnis der Unbesiegbarkeit 107
Übung 5: Die Macht der einen Kraft 110
Übung 6: Gruppen-Energie wahrnehmen 112

Wahrnehmung wahrnehmen 115
Übung 7: Vom Ich zum Bewusstsein 119

Von der Persönlichkeit zum Wesen 129
Ich bin Schöpfer 133
Das Genie wecken 136
Intuition in der Kindheit 138
Konzentrative Entspannung 141
Ein Empfangsritual vereinbaren 145
Die Ampelintuition 149
Teil des Ganzen werden 153
Das Ebenbild Gottes 157
Die Egofalle 163
Ledigen Gemüts leben 165
Der neue Umgang mit Problemen 171
Werde was du bist! 172
Intuition wahrnehmen 179
Übung 8: Farben spüren 182
Übung 9: Partnerübung 187

Die stärkste Kraft 191
Übung 10: Training am Telefon 193
Übung 11: Beziehungen heilen 197

Zukunftswachtraum 201
Schutzengel sein 203
Vom Tun zum Sein 204
Übung 12: Optimierung des Werkzeugs 206
Übung 13: Erfolg imaginieren 212

Wahrhaftigkeit 215
Übung 14: Das Lebensalter intuitieren 217

Alles erreichen! 219
Übung 15: Resonanzfähigkeit 221
Übung 16: Ein Ziel intuitieren 224

Schöpfungsgerecht leben 229

Stichwortverzeichnis 233

Über den Autor 237

Vorwort

Stellen Sie sich vor, Sie würden bei allen wichtigen Entscheidungen Ihres Lebens – sei es im privaten oder beruflichen Bereich – keine Fehler mehr machen: den richtigen Lebenspartner finden, im Traumberuf wirken, in einer harmonischen Familie leben, überall Anerkennung finden.

Mit einer schon „traumwandlerischen Sicherheit“ wären Sie überaus entscheidungsfreudig und würden keine Entscheidungen und Problemlösungen mehr auf die lange Bank schieben. Sie brauchten es sich in Ihrem Leben nicht mehr schwer zu machen, sondern lebten im Fluss der Zufriedenheit und des Glücks.

Nur ein Traumgebilde? Viel zu illusorisch? Kaum möglich in der heutigen Zeit, da das Leben komplexer und komplizierter wird?!

Ein solches „abgehobenes Leben mit Flügeln“ ist ganz und gar keine Utopie, denn wir machen es uns in der Regel in unserem Leben unnötig schwer. Jeder von uns verfügt über den besten Lebensberater, den man sich nur wünschen kann, und missachtet ihn tagtäglich: die „innere Stimme“. Sie will nur unser Bestes und wäre eine zuverlässige Begleiterin, unsere kühnsten Träume zu verwirklichen.

Sie haben Ihre innere Stimme sicher auch schon einmal – wahrscheinlich in extremen Krisensituationen – wahrgenommen und waren verblüfft über die Weisheit des Rates. Was wäre, wenn Ihre innere Stimme Ihre tägliche Lebensberaterin wäre? Was wäre, wenn Sie bei jeder Entscheidung Ihre innere Stimme wahrnehmen würden und ihr unbeirrt folgen könnten?

Das Ergebnis wäre sicher wundervoll. Aber warum sollte es ein Traum bleiben? Wir haben ein Instrument, das den Zugang zu solchen Wundern ermöglicht: unsere Intuition!

Was ist Intuition?

Intuition ist sozusagen die Verbindung zu Ihrer inneren Stimme. Sie muss übrigens nicht als Stimme im wahrsten Sinne des Wortes akustisch vernehmbar sein. Sie kann sich auch auf anderen „Kanälen" bemerkbar machen: ein inneres Bild sehen, eine Empfindung wahrnehmen, eine innere Gewissheit verspüren. Unsere Intuition trägt zudem unterschiedliche Verkleidungen: zündende Idee, Einfall, Geistesblitz, Ahnung, Zufall, Instinkt.

Intuition wird zu oft als „sechster Sinn" bezeichnet, weil uns Intuition – wie alle anderen Sinne auch – Informationen liefert, „übersinnliche" Informationen. Stellen Sie sich vor, ein Blinder würde plötzlich sehen, ein Tauber plötzlich hören können. Was für eine neue Welt erschließt sich einem Menschen, wenn er die Welt mit einem zusätzlichen Sinn wahrnehmen kann! Und so ist es auch mit der Intuition. Sie wahrzunehmen eröffnet uns eine neue Welt, eine neue Lebensdimension!

Intuition geschieht immer. Wir müssen – im übertragenen Sinn – nur die Augen öffnen! Wir stolpern, wenn wir nicht offen für die Intuition sind, mit geschlossenen Augen durch das Leben, benehmen uns wie Blinde.

Intuition ist der komplexeste aller Sinne. Aber er lässt sich trainieren und muss trainiert werden, denn Intuition erschließt sich uns in den meisten Fällen nicht automatisch und in klaren, eindeutigen Worten. Die Sprache der Intuition sind Bilder, Symbole sowie Metaphern und bedürfen der Deutung, wollen wir sie verstehen.

Vom Sinn des Lebens zum stimmigen Leben

Intuition als „sechster Sinn" hat auch viel mit dem Sinn des Lebens zu tun! Unsere innere Stimme kennt nicht nur den Sinn unseres Lebens, sondern versteht sich auch als unser innerer Coach, damit wir uns diesem Sinn immer mehr nähern.

Wer seiner inneren Stimme folgt, der lebt stimmig! Es stimmt im Leben einfach alles! Und das ist das Wunder gelebter Intuition.

Jeder hat schon die Erfahrung gemacht: Probleme, Krisen, Schmerzen und Leiden sind immer Signale, dass wir etwas falsch gemacht haben und korrigieren müssen. Mit Hilfe der Intuition können wir eine andere Einstellung gewinnen, und dann lösen wir Probleme nicht, sondern lassen sie sich erst gar nicht entwickeln. Mit anderen Worten: nicht erst etwas falsch machen müssen, um dann das Richtige zu tun, sondern gleich unserer Ahnung folgen, was in der Situation genau und passend zu tun ist.

Der Beginn einer neuen Epoche

So faszinierend die Vorstellung zur Veränderung unseres persönlichen Lebens auch ist, möchte ich noch einen Schritt weiter gehen: Intuition ist nicht nur für jeden einzelnen Menschen von großer Bedeutung, es ist die Lösung für die zentralen Probleme der Menschheit überhaupt! Ich möchte Ihnen *Intuition* gar als Epoche machendes Thema vorstellen! „Epoche machendes Thema“, welch große Worte! Was macht mich so sicher, die Bedeutung der Intuition für unsere Zukunft und die Zukunft der Menschheit so hoch zu bewerten?

Erlauben Sie mir dazu einen kurzen Rückblick in die Geschichte der Menschheit. Wir haben vor einigen Jahrhunderten bereits eine solche epochale Wende erlebt, und es deutet alles darauf hin, dass wir heute in ähnlicher Weise am Beginn einer neuen Epoche stehen, die die Welt in noch größerem Maße verändern wird. Wir brauchen diese globale und historische Perspektive, wenn wir den „Sinn des Lebens“ erfassen wollen. Lassen Sie mich zu dieser These ein Bild geben, das den Gedanken sofort einsichtig machen kann: Jede einzelne unserer Körperzellen würde verzweifeln, wenn sie sich nach dem Sinn ihres Lebens fragen würde. Was sollte der Sinn einer Herzzelle, einer Gehirnzelle, einer Haarzelle sein? Welche Antwort sollte sie darauf geben? Denn nur wenn sich die Zellen als Teil des ganzen Körpers verstehen, kann sich ihnen der Sinn ihres Lebens erschließen.

Und so ist es auch bei uns Menschen. Wir sind keine Einzeller, sondern Teil eines größeren Ganzen, der Menschheit, allen Lebens auf der Erde. Der Sinn unseres Lebens erschließt sich erst in diesem Zusammenhang: In welcher Epoche, welcher Zeit lebe ich? An welchem Ort? In welchen Beziehungen? Mit welcher Aufgabe für das Ganze? Machen wir uns darüber gemeinsam Gedanken!

Die zu Ende gehende Epoche

Die Epoche, die das Mittelalter vor etwa 600 Jahren beendete, wird „Neuzeit“ oder „Moderne“ genannt. Die Wissenschaft emanzipierte sich von der Kirche und ihren Dogmen; die freie Wirtschaft trennte sich von der Leibeigenschaft und entfaltete den freien Markt (zunächst Kaufleute und Handwerker); die Politik löste sich vom Absolutismus und der feudalen Diktatur. Kurz: Der kritische und logische Verstand begann seinen Siegeszug in der Geschichte der Menschheit. Die neue Epoche nach dem Mittelalter begann mit Helden wie Kopernikus (1473–1543) und Galilei (1564–1642), Märtyrern wie Jeanne d´Arc und Giordano Bruno (1548–1600), Bauernaufständen, Revolutionen, der Aufklärung mit Voltaire (1694–1778) oder der klassischen deutschen Philosophie mit Kant (1724–1804) oder Hegel (1770–1831). Die Ratio, das logische Denken, Verstand und Vernunft haben eine ganze Epoche begründet, die bis heute anhält. Verstand und Wissenschaft haben eine neue Welt geschaffen: die Neuzeit, die Moderne. Der religiöse und zum Dogma erstarrte Glaube wurde ersetzt durch den Glauben an die Ratio und die Wissenschaft.

Die Krise der Moderne

Doch inzwischen wissen wir, dass dies ein Irrglaube ist. Der analytisch-logische Verstand ist an seine Grenzen gestoßen. Die Menschheit war in einem omnipotenten Wahn angetreten, sich die Erde untertan zu machen und die Welt zu beherrschen. Wir sind dabei, sie (oder besser uns) zugrunde zu richten. Wir entdecken jetzt hinter der Ratio den alltäglichen Wahnsinn.

So geht es nicht weiter! Das Ende der Menschheit ist auf diesem Planeten bereits abzusehen. Nur noch eine dramatische Wende kann die Erde für unsere Kinder und Enkel wieder lebensfähig machen. Es geht um nichts weniger, als den Verstand als prägenden Faktor der vergangenen Epoche zu überwinden und Wissen in Weisheit zu transformieren. Denn uns fehlt nicht das Wissen des Verstandes, sondern die Weisheit des Herzens.

Intuition als Transformation

Intuition ist es, die den Verstand transformiert. Intuition ist nicht anti-rational, sondern trans-rational, integriert die Vorzüge der Ratio, ergänzt sie aber um spirituelle Weisheit. Es geht nicht um ein Zurück ins prä-rationale Mittelalter, sondern um den Aufbau einer neuen Epoche, einer trans-rationalen Epoche. (Diese fundamentale Unterscheidung haben wir Ken *Wilber* zu verdanken.)

Wie der Verstand (die Logik, die Ratio) die letzten 500 Jahre bestimmt hat, so wird die Intuition eine ganze Menschheitsepoche – die nächsten Jahrhunderte – bestimmen. Und es wird eine Veränderung der Welt sein, die der Veränderung vom Mittelalter zur Neuzeit in nichts nachstehen wird. So wie der Verstand für das materialistische Zeitalter steht (Materialismus in Philosophie, Naturwissenschaft und allgemeiner Weltanschauung), so wird Intuition für das postmaterialistische, das spirituelle Zeitalter stehen.

Die Geburt der wahren Menschlichkeit

Intuition hebt sich jedoch nicht nur vom Verstand ab, sondern auch vom Gefühl.

Gerade Intuition und Gefühl werden leicht verwechselt. Eine wirkliche Intuition erkennen wir am besten darin, dass sie uns völlig emotionslos erreicht und irrational erscheint. Intuition hat das Irrationale der Gefühle und das Emotionslose des Verstandes. Gefühle kommen aus dem Bauch (denken Sie zum Beispiel an Angst oder Verliebtheit), Intuition dagegen kommt vom Herzen.

Gefühl gilt als weibliche Domäne, repräsentiert den weiblichen Aspekt (den Yin-Aspekt) unserer Persönlichkeit. Verstand dagegen gilt als männliche Domäne, repräsentiert den männlichen Aspekt (den Yang-Aspekt). Intuition ist aber weder weiblich noch männlich, sondern menschlich und vereinigt weibliche wie männliche Stärken: Intuition wird empfangen und bedarf weiblicher Empfänglichkeit. Sie bedarf aber auch der Interpretation und damit sozusagen männlicher Eindringlichkeit. Wir empfangen Informationen aus der Wirklichkeit (Yin) und dringen aus dem Schein in die Wirklichkeit ein (Yang).

Das neue Zeitalter wird über die Intuition auch eines der tief gehendsten Konflikte in der bisherigen Menschheitsgeschichte überwinden: den Geschlechter-Konflikt. Intuition ist unsere gemeinsame Sprache. Die Zeit, als Frau und Mann aneinander vorbei redeten und lebten, wird vorbei sein. Unsere Beziehung zueinander, unsere Liebe wird vollkommen werden.

Wir stehen als Gattung am Beginn der eigentlichen Menschwerdung. Die Menschheit wird sich als eine Familie sehen, als ein Ganzes. Mit der Überwindung der aktuellen globalen Krise werden wir uns als Mitschöpfer der Schöpfung verstehen und verantwortungsbewusst handeln.

Das Verdienst von Kurt Tepperwein

Intuition ist das spannendste Thema in der heutigen Zeit, und wir haben es im deutschsprachigen Raum gerade Prof. Kurt Tepperwein zu verdanken, dass er schon sehr früh in seinen Seminaren vielen Menschen die intuitive Lebensführung nahe gebracht und den Weg gewiesen hat.

Sein Buch *Super-Intuition* (mvg, 1997), breitet das ganze Spektrum der Intuition gedanklich aus. Das hier vorliegende Buch trägt dieses Thema weiter und erleichtert darüber hinaus durch praktische, erprobte und effektive Übungen einer noch größeren Anzahl von Menschen den Zugang zur Intuition.

Zur Methodik dieses Buches

Zugegeben: Das klassische Medium des rationalen Denkens ist das Buch und es gleicht fast der Quadratur des Kreises, Intuition über ein Buch mit den Methoden der Ratio zu vermitteln. Intuition spricht darüber hinaus eine andere Sprache als der Verstand. Auch Gefühle lassen sich nur in begrenztem Maße in rationaler Sprache ausdrücken. Dies gilt um so mehr für die Intuition.

Das Ihnen in den Händen liegende Buch berücksichtigt diese Schwierigkeit in mehrfacher Weise:

Wir haben bewusst die überarbeitete Niederschrift eines Seminars von Prof. Kurt Tepperwein gewählt, das auch als Kassettenprogramm vorliegt. So können Sie die organische, gelebte Form des Seminars auch in einem Buch erleben. Das Hörprogramm erlaubt es Ihnen außerdem in Ergänzung zum Buch, die Grenzen dieses Mediums zu überschreiten und tiefer in die Intuitionsübungen einzudringen.

Inhaltlich entfaltet sich das Buch zyklisch in Spiralform (die Spirale öffnet uns der Intuition, wie Sie noch erkennen werden). Das Buch ist kein Fachbuch über Intuition, sondern Ihr Reisebegleiter – und der Weg zum Gipfel ist spiralförmig. Sie werden auf immer höherer Ebene zu den immer wiederkehrenden Themen geführt. Es geht dabei um drei Bereiche: 1. Lösen von *Ego*-Blockaden im Intuitionsfluss, 2. ein immer tieferes *Selbst*-Verständnis für die Intuition erreichen, 3. den Umhang mit der Intuition üben. Alle drei Bereiche werden Ihnen auf immer höherer Ebene begegnen und so Ihre intuitive Lebensführung verbessern.

Auf Punkt 3 möchte ich noch genauer eingehen. Das Buch ist ein praktisches Übungsbuch, in dem Sie viele Übungen zum Training Ihrer Intuition finden werden. Ich empfehle Ihnen deshalb, jede Übung sofort mitzumachen.

Letztlich ist es jedoch Ihre Entscheidung, ob Sie das Buch lediglich mit dem Verstand aufnehmen (an manchen Stellen für Ihren Verstand unerträglich!) oder ob es für Sie ein Reiseführer in eine ganz neue Welt, eine ganz neue Epoche wird. Diese neue Welt finden Sie nicht in diesem Buch. Sie ist *in Ihnen*. Das Buch ist lediglich Ihr Reiseführer.

Jetzt drei Lebensträume erfüllen!

Optimalen Gewinn erzielen Sie mit diesem Buch, wenn Sie sich jetzt drei Fragen überlegen.

Stellen Sie sich vor, eine gute Fee würde Ihnen die drei wichtigsten Fragen Ihres Lebens beantworten und dadurch würden Ihre größten Träume in Erfüllung gehen. Welche Fragen wären das? (Beispiel: Was soll ich tun, um den idealen Partner in mein Leben zu ziehen? Was soll ich tun, um gesund zu werden, zu bleiben und ein Leben in hohem Alter bei strahlender Vitalität zu führen? Was soll ich tun, um meine Berufung zu finden und zu leben?)

Dieses Buch wird Ihnen helfen, Antworten auf Ihre Fragen zu finden, denn Intuition beantwortet vor allem Fragen. Bitte schreiben Sie jetzt Ihre drei wichtigsten Fragen auf, legen Sie sie in dieses Buch, lesen Sie die Fragen immer wieder und öffnen Sie sich für die Antworten. Wenn Sie das Buch durchlebt haben, werden Sie die Antworten haben. Wenn Sie jedoch keine präzise gestellten Fragen haben, wie soll das Leben Ihnen dann eine Antwort geben können?

Bitte beginnen Sie erst mit dem Lesen des eigentlichen Buches, wenn Sie Ihre Fragen formuliert haben.

Gibt es auch ein paar leichte und aktuelle Probleme, die Sie gerne gelöst hätten? Sie werden immer wieder in dem Buch aufgefordert, ein Alltagsproblem unter einem neuen Gesichtspunkt zu lösen. Seien Sie sich eines Alltagsproblems bewusst, von dem Sie sich gerne lösen möchten.

Mit den drei großen Fragen des Lebens und dem zu lösenden Alltagsproblem haben Sie die richtige Vorbereitung getroffen, um das Buch mit großem Gewinn lesen zu können. Ich wünsche Ihnen viele neue Erfahrungen auf Ihrer Abenteuerreise.

Die Reise kann schon mit einer interessanten Aufgabe beginnen: Machen Sie sich doch einmal Gedanken darüber, wie dieses Buch in Ihre Hände gefallen ist. Zufall? Oder erkennen Sie darin bereits eine intuitive Fügung?

Felix Aeschbacher
Studienleiter der Internationalen Akademie
der Wissenschaften

Einleitung: Die Metamorphose vom *Ego* zum *Selbst*

Es gibt ein Schauspiel der Natur, das wie kaum etwas anderes symbolisch für den gegenwärtigen Umbruch steht: die Umwandlung der Raupe zum Schmetterling – diese Metamorphose der Natur, die uns schon als Kinder fasziniert hat. Sie könnte ein Sinnbild unserer Zeit sein!

Versetzen wir uns in die Lage der Raupe im Kokon. Fühlen Sie sich dann und wann auch unwohl in Ihrer Haut (eingeengt, bewegungslos), könnten aus Ihrer Haut fahren, sich häuten, neu geboren, ein neuer Mensch werden, sich verwandeln, transformieren? Vielleicht haben Sie manchmal auch schon den Eindruck, Ihre Ich-Strukturen lösen sich auf und fragen sich immer häufiger: *Wer bin ich* eigentlich in Wirklichkeit? Sie kennen dieses Lebensgefühl sicher. Ist es ein aktuelles Gefühl? Geht es Ihnen gerade jetzt so?

Sie wollen endlich abheben, könnten Flügel brauchen, um sich in neue Lebensdimensionen zu schwingen. Doch irgendwie fühlen Sie sich sonderbar bewegungslos, unerklärlich kraftlos, sich auflösend, regelrecht breiig.

Vielleicht sehnen Sie sich manchmal auch nach einer Rettung, einem Erlöser, einem Traumpartner (dann wäre alles anders), einem Lottogewinn (dann ginge alles leichter), einem alles verändernden Auftrag, einem Karrieresprung, einer Führung. Es würde Ihr Leben dramatisch verändern!

Möglicherweise geht es Ihnen gerade jetzt so wie dem Schmetterling, der sich noch in seinem Kokon gefangen fühlt. Es dauert nur noch eine kurze Zeit, bis das unglaubliche Wunder dieser Metamorphose geschieht: Der Schmetterling schlüpft aus seinem engen Panzer und fliegt zum ersten Mal in seinem Leben auf und davon! Doch im Kokon weiß er nichts von diesem Wunder, das ihn erwartet, und er fühlt sich einfach nur in einer tiefen Krise.

Als die Zeit für einen Umbruch reif war, hatte sich die junge Raupe, diese Vision des Schmetterlings, mit einem Kokon umhüllt. Doch mit der Verpuppung schien sich ihre Lage verschlimmert zu haben, schien sie sich von ihrer Vision als fliegendem Schmetterling weiter denn je entfernt zu haben. Eingezwängt im Kokon konnte die Raupe nicht einmal mehr kriechen, jetzt war sie sogar bewegungslos! Sie trauerte manchmal „den goldenen Zeiten" ihres Raupendaseins nach. Wie herrlich war es doch, sich bewegen zu können!

Halten wir einen Moment inne. Ist Ihnen dieses Gefühl auch bekannt? Viele Menschen igeln sich heute ein, kapseln sich ab, fühlen sich nur noch in ihren vier Wänden wohl. Es ist ein so starker und offensichtlicher Trend, dass er einen Namen in der Trendforschung bekommen hat: „Cocooning" oder „Leben im Kokon".

Der Kokon ist eine Schutzhülle, ein Panzer, damit die Raupe sich gefahrlos in den Schmetterling verwandeln kann. Die Raupe zieht sich aus der Außenwelt zurück, geht in sich, brütet sozusagen ihre Zukunft aus. Um fliegen zu können, sich in ihr wahres Wesen zu entpuppen, muss sie erst den Weg nach innen wählen, den Weg des Alleinseins, der Einsamkeit, der

Besinnung auf sich selbst, um wieder zu Sinnen zu kommen.

Es wäre für das Tier jedoch eine Katastrophe, wenn jetzt ein selbstherrlicher „Retter" käme, der den Kokon öffnen würde. Diese „Rettung" von außen wäre ihr Ende. Denn der Schmetterling lernt erst dann fliegen, wenn er bereit ist, die selbst gewählte Einsamkeit aufzubrechen, wenn er den Kokon aus eigener Kraft sprengen kann.

Nein, diesen Prozess der Verpuppung muss der Schmetterling auf sich selbst gestellt durchleben. Die Raupe ist im Kokon nicht nur bewegungslos, sie befindet sich in Auflösung, wird zu einem amorphen Brei, der sich selbst ernährt. Sie lebt von dem „Fett", den sie sich als Raupe angefressen hatte. Jede einzelne Zelle vollzieht die Wandlung. Keine Raupenzelle gleicht mehr der späteren Schmetterlingszelle. Vor der Neustrukturierung steht der amorphe Brei. Es ist eine vollständige und wundervolle Umwandlung, Zelle für Zelle.

Nach der Metamorphose, der Transformation, ist der Schmetterling gegenüber seinem Raupendasein ein anderes Wesen – jetzt kann er fliegen, erobert neue Lebensdimensionen, ist von anmutiger Schönheit, sensibel, feinfühlig, ein wahrhaft göttliches Geschöpf! (Es gibt nur göttliche Geschöpfe!)

Lassen Sie uns diese Wandlung als Metapher betrachten: Jeder hat die Kraft, sich aus seinem Kokon (der *Ich*-Verkapselung) zu befreien. Die Kraft, die uns hilft, unsere Grenzen zu transformieren, ist die Kraft der Intuition. Sie hilft uns, aus unserer Verkapselung auszubrechen und das zu werden, was wir in Wirklichkeit sind: göttliche Geschöpfe, die zauberhafte Wunder vollbringen können. Es ist der Weg des Raupen-*Ego* zum Schmetterling-*Selbst*, der Weg wahrhaftiger *Selbst*-Verwirklichung.

Intuition: Der Beginn eines neuen Zeitalters

Wir leben zu Beginn einer neuen Epoche. Die „Neuzeit" oder „Moderne", die das Mittelalter ablöste, neigt sich ihrem Ende entgegen. Machen wir uns bewusst: Irgendwann im Mittelalter erkannten die Menschen, dass sie Teil eines unendlich großen, unbekannten Universums sind. Und um dieses Universum zu verstehen, begannen sie, Fakten von Aberglauben zu trennen. Das wissenschaftliche Weltbild entstand. Und dabei mussten sie zunächst einmal alles weglassen, was nicht zu begreifen, zu beweisen, zu reproduzieren war. Und alles, was nicht beweisbar war, galt automatisch als widerlegt. Dieses zugegebenermaßen sehr begrenzte Vorgehen hat den Menschen allerdings in der Vergangenheit gute Dienste geleistet.

Es hat ihnen ermöglicht, zunächst einmal ein realeres Bild der Wirklichkeit zu erfassen. Aber von Generation zu Generation erfolgt eine Evolution des Geistes, eine Entwicklung zu höherer Spiritualität, zu einer immer höheren Schwingung des Energiefeldes, das wir sind. Und allmählich wird diese begrenzte, streng rationalwissenschaftliche Anschauung der Welt zum Hindernis unserer weiteren Entwicklung. Wir müssen dieses Weltbild jetzt überschreiten.

Wir entwickeln nämlich eine immer höhere Sicht der Dinge, beginnen allmählich die Wirklichkeit hinter dem Schein zu erkennen. Im klassischen Sinne war Physik die Wissenschaft, die das Sichtbare, das Greifbare klassifizierte, quantifizierte, in Gesetzmäßigkeiten beschrieb.

Die Wirklichkeit hinter diesem Schein hieß „Metaphysik“.

Die moderne Physik lehrt uns, dass wir mit unserem Hauptsinn nur acht Prozent des vorhandenen Schwingungsspektrums sehen können. 92 Prozent der Wirklichkeit sind unsichtbar. Aber viele Menschen verhalten sich so, als seien diese acht Prozent, die sie sehen, begreifen, beweisen und reproduzieren können, die Wirklichkeit, und ignorieren den größten Teil dessen, was ist.

Es wird also Zeit, dass wir die Wirklichkeit hinter dem Schein erkennen. Denn die Wahrnehmung dieser Wirklichkeit hilft uns zu werden, wer wir sind – an uns selbst zu erinnern, an den Teil der *einen* Kraft, das *Ich Bin*.

Die Entwicklung der Kommunikation

Wenn wir über Intuition sprechen, so sprechen wir über eine höhere Form der Kommunikation. Die Intuition ist kein Monolog und keine Einbahnstraße (wie häufig dargestellt), sondern ist ein Dialog, ein Zwiegespräch.

Schauen wir doch einmal zurück, wie alles begann: Am Anfang ging es der Menschheit nur ums Überleben, und damit hat sie einige zehntausend Jahre verbracht. Irgendwann fingen die Menschen dann an, ihre Eindrücke von der Welt den anderen mitzuteilen – der Beginn der Kommunikation. Es begann nonverbal mit Gesten (erwies sich als unpraktikabel, denn wenn das Gegenüber die Geste nicht sieht, kann er sie auch nicht wahrnehmen und deuten), bis einem Menschen ein Laut entfuhr und die anderen aufmerksam wurden.

Machen Sie sich bewusst: Das war die Erfindung der Sprache! Dies war für die Entwicklung der Menschheit ein noch größeres Ereignis als die Tatsache, dass irgendwann einmal ein Astronaut seinen Fuß auf den Mond setzte. Wir hatten die Sprache als Kommunikationsmittel entdeckt. Und natürlich haben wir die Sprache immer mehr verfeinert – bis zur Dichtkunst. Große literarische Werke sind entstanden. Alles in dieser Form der Kommunikation.

Und trotzdem beherrschen wir diese Form der Kommunikation noch immer nicht. Im Gegenteil – wir erkennen immer schmerzhafter, dass Sprache als Kommunikationsmittel eigentlich nur sehr begrenzt geeignet ist.

Wie oft erleben wir, dass eine Frau zu ihrem Mann sagt: „Ach, du verstehst mich nicht!" Und sie hat Recht, er versteht sie wirklich nicht. Er kann sie gar nicht verstehen. Er hat ja nicht ihre Erfahrung, ihre Entwicklung, ihre Assoziationen, ihre weibliche Sicht der Welt.

Wir stellen immer mehr fest: Zur eigentlichen Bedeutung der Kommunikation gehören mehr als nur die gerade benutzten Worte.

Eine andere Frau kann mit: „Ach, du verstehst mich nicht!" etwas ganz anderes ausdrücken wollen, obwohl beide die gleichen Worte verwenden.

Sie meint damit: *Ach, du denkst wohl, ich sitze hier herum und passe nur auf die Möbel auf, während du dich da draußen abrackerst und glaubst der Einzige zu sein, der hier in der Familie arbeitet. Glaubst du, es ist nicht frustrierend, wenn man hier Staub wischt und hinterher rieselt es schon wieder herunter. Und ich weiß, dass ich morgen wieder Staub wischen muss und dafür überhaupt keine Anerkennung finde. Ich kann wieder sagen: Schatz, das Essen ist fertig, du kannst wieder meckern kommen!*

Das hat diese Frau mit dem einen Satz energetisch alles ausdrücken wollen. Ob ihr Mann sie verstanden hat?

Für die erste Frau bedeutet der Satz „Ach, du verstehst mich nicht!" etwas ganz anderes. Sie kommunizierte damit eigentlich: *Schau doch mal her, nimm mich doch einmal wahr! Ich mache es dir doch wirklich leicht! Ich möchte doch nur beachtet werden. Ich möchte doch nur, dass wir wirklich Partner sind, dass wir uns näher kommen, dass du mich einmal so siehst, wie ich wirklich bin.* Das hat sie zum Ausdruck bringen wollen. Ob sie verstanden wurde?

Deswegen ist es wichtig, wenn wir effektiv kommunizieren wollen, dass wir vor allem hören lernen. Dass wir lernen, was der andere wirklich sagen will, nicht nur mit seinen Worten. Das alles sind noch Potenziale, die in der Sprache liegen und die wir noch gar nicht ausgeschöpft haben.

Zur Sprache gehört natürlich auch das Lesen. Ich unterstelle, dass Sie alle nach den Regeln der Schule lesen und schreiben können, doch wirklich lesen kann kaum jemand. Wirklich lesen heißt zum Beispiel, selektiv lesen und erkennen, was da stimmt und was nicht. Oder: Das stimmt halb, das stimmt nur so weit, das ist wieder richtig.

Wenn Sie als *Ich Bin* lesen, werden Sie den Wahrheitsgehalt des Gelesenen „in Prozenten" zum Beispiel automatisch mit wahrnehmen. So sollten wir lesen: Die Information nicht nur aufnehmen, sondern auch bewerten können. Dann würden Sie jeder Publikation mit Adleraugen das entnehmen, was wirklich wichtig ist. Und natürlich noch selektiver das, was für Sie wichtig ist (präziser das, was für Sie *jetzt* wichtig ist). So werden Sie in der Informationsflut nicht ertrinken, sondern immer nur das herausfiltern, was Sie gerade brauchen. Intuition ist Ihr Radar für diese relevanten Informationen.

Für alle, die im Beruf stehen, ist es noch hilfreicher, auch das „lesen" zu können, was da gar nicht steht! Sie lesen ein Buch, einen Artikel, vielleicht etwas ganz

Spezielles, Fachliches, Anspruchsvolles – und erkennen: Ja, das ist soweit ganz richtig, aber ein Punkt ist ja überhaupt nicht erwähnt, das müsste noch hier an dieser Stelle gesagt werden. Das gehört unbedingt hierher. Und das fällt Ihnen ein! Sie lesen also ergänzend; Sie lesen das, was da gar nicht steht. Das ist auch eine Art Umgang mit der Sprache, die erst gelernt sein will.

Das heißt, wir haben das Medium *Sprache* mit seinen vielen Möglichkeiten noch gar nicht ganz in Besitz genommen! Die eigentlichen Bereiche der Sprache warten noch darauf. Wenn ich es etwas überspitzt sagen darf: Wir sind gegenüber dem Potenzial der Kommunikation nur unwesentlich über das Grunzen des Neandertalers hinausgegangen!

Jetzt kommen wir langsam zu Bewusstsein und gehen ganz bewusst mit dem Medium Sprache um. Und dabei entdecken wir, welche grenzenlosen Bereiche der Kommunikation noch auf uns warten.

Gehen wir mit unseren Gedanken über Kommunikation noch ein Stück weiter: Später haben wir uns in unserer Evolution der Malerei zugewandt. Angefangen von der Höhlenmalerei, die vielleicht ein magischer Jagdzauber war, bis zur modernen Malerei, die man nicht mehr verstehen kann, wenn man nicht ein Fachmann ist. Die Bildhauerkunst, die Musik, die Dichtung – alles das sind Formen der Kommunikation. Wir teilen uns anderen mit.

Wir können zum Beispiel mit einem Musikstück die Aussage des Komponisten nacherleben, wir können in seine Schwingung kommen, in seine Energie, in seinen Bewusstseinszustand. Und obwohl er schon seit Jahrhunderten tot ist, teilt er uns jedes Mal, wenn wir dieses Musikstück hören, wieder sein Erleben mit. Diese nonverbale Form der Kommunikation über – allgemein gesprochen – die Kunst, die künstlerische Aussage, geht oft viel tiefer als reine Worte. Hier schwingen immer Emotionen mit.

In anderen Bereichen sind wir wieder absolute Analphabeten. Da haben wir nicht einmal einen Anfang gemacht, zum Beispiel in der Kommunikation über die äußere Form. Sie alle tragen Ihr Gesicht ganz offen vor sich her. Und in Ihrem Gesicht steht Ihr ganzes Sein, Ihr Charakter, Ihre Anlage, Ihre Möglichkeit, Ihre Entwicklung, das, was noch werden kann. In diesem Gesicht kann man Ihr Wesen erkennen, wo Sie stehen, die Hindernisse, ob Sie es in dieser Inkarnation schaffen oder nicht. Alles das steht im Gesicht. Sie kommunizieren mit Ihrer Umwelt über dieses Gesicht. Und das sollte eigentlich jeder lesen und verstehen können. Das ist Kommunikation über die Form, die eigentlich jeder braucht!

Das einfachste Beispiel: Wenn Sie Ihren Partner wählen, dann kommunizieren auch Formen miteinander, Körperformen! Vielleicht haben Sie es bei Ihrem Lebenspartner schon vergessen. Wenn Sie sich trauen – es gehört Mut dazu –, machen Sie sich das einmal bewusst, fragen Sie sich, was Sie an dem anderen beim ersten Blick so fasziniert hat. Dann kann die Antwort sein: Sie hat einen erregenden Gang; ihre Haare wippen so, das spricht mich an; sein Hinterteil; seine breiten Schultern usw. Wir kommunizieren auch über Formen, das heißt, der eine sendet und der andere empfängt.

Das kann fast schon archaisch sein! Einen Mann mit „breiter Schulter" zu haben konnte vor Jahrtausenden für die Frau eine Frage des Überlebens gewesen sein. Aber heute? Fahren wir noch auf diese archaischen Signale ab? Was erhofft frau sich von „breiten Schultern"?

Das heißt, da wir Kommunikations-Analphabeten sind, hat kaum jemand wirklich die Chance, mit seinem Partner zusammenzuleben und nicht nur nebeneinander.

So gut wie jeder ist mit seiner eigenen Vorstellung von seinem Partner zusammen und nicht mit dem Partner, wie er ist.

Und wehe, er entspricht dieser Vorstellung einmal nicht! Dann heißt es: Das hätte ich nie gedacht, dass du mich einmal so tief enttäuschst! Dass du mich so kränkst! Ich habe dir so vertraut! Doch die wirkliche Botschaft lautet: Ich habe mir vorgestellt, dass du das so machst, und jetzt machst du das anders! Jetzt bin ich aber sauer!

Was ist passiert? Der andere hat Sie tatsächlich enttäuscht, im wahrsten Sinne des Wortes! Er hat Ihnen gezeigt, dass Sie in einer Täuschung gelebt haben. Und er hat gerade diese Täuschung beendet. Sie müssten ihm für diese Ent-Täuschung eigentlich aus tiefstem Herzen dankbar sein, denn Sie sind gerade – vielleicht etwas schmerzhaft – in der Wirklichkeit angekommen!

Sie sehen: Ach so ist der wirklich! Jetzt sehe ich erst einmal, wen ich da gefangen habe! Denn nicht umsonst heißt es: Manche lernen sich kennen und heiraten. Die meisten heiraten und lernen sich dann irgendwann kennen. Viele lernen sich überhaupt nie kennen! Sie sterben, ohne sich je gekannt zu haben.

Alles das ist möglich, weil wir immer noch nicht gelernt haben, richtig miteinander zu kommunizieren, weil wir ganze Bereiche ausblenden, nur auf ganz primitive Signale reagieren.

Nehmen wir noch andere, ganz alltägliche Beispiele. Jeder Chef muss erkennen, muss wissen, wenn er dem neuen Bewerber ins Gesicht sieht (und sei es nur auf dem Foto): Der bewirbt sich für diese Stelle, doch der gehört eigentlich woanders hin. Das ist seine Stärke, sein Potenzial. Der Lehrer müsste in den Gesichtern der Kinder lesen können, damit er sie richtig fördern kann. Die Eltern sollten es wissen. Jeder Verkäufer müsste sehen:

Ein Blick in das Gesicht des Kunden zeigt ihm, wie er hier verkaufen muss, welche Sprache er sprechen soll, damit er verstanden wird.

Wir haben also selbst die bisherigen Kommunikationsmittel (Sprache, Wahrnehmung) nur sehr, sehr unzureichend in Besitz genommen. Weitere Potenziale warten nur darauf, dass wir sie entdecken und nutzen.

Die hohe Schule der Kommunikation

Die höheren Kommunikationsformen sind von unserer Besitznahme fast unberührt: die Inspiration, der Einfall. Wir gehen sehr passiv damit um. Man hat einen Gedankenblitz oder man hat ihn nicht. Oder die zündende Idee kommt zu spät, wenn die Situation schon vorbei ist. Dann weiß man, was man hätte sagen oder tun müssen, der Einfall ist eben nicht rechtzeitig gekommen.

Doch Inspiration geschieht ständig, das heißt, Sie können sich jederzeit gezielt etwas einfallen lassen. Das setzt nur voraus, dass Sie sich dem Einfall öffnen.

Der Einfall ist eigentlich da! Nur Sie sind nicht da. Sie sind nicht im Bewusstsein, Sie sind auf der Verstandesebene, Sie denken darüber nach und bleiben damit innerhalb der Grenzen Ihrer Erfahrungen. Und der Einfall fällt vorbei, hat sie nicht berührt, nicht getroffen – Sie waren nicht offen dafür.

Die Intuition ist unsere ganz natürliche Sprache und Kommunikationsform. Es ist die natürliche Sprache nicht nur zwischen Menschen, sondern unter allen Lebewesen. Über Intuition können Sie auch mit Tieren kommunizieren oder mit Wesen, die gar nicht im gleichen Raum sind.

Intuition kann eine spezielle Form annehmen – Telepathie ist eine solche Form: Ich teile einem anderen ganz gezielt etwas mit, und es erreicht ihn. Und ich muss nicht einmal wissen, wo er sich gerade aufhält.

Wenn ich mit ihm normal kommuniziere, ihn z. B. anrufe, muss ich wissen, unter welcher Nummer ich ihn erreichen kann. Wenn ich telepathisch etwas aussende und ich ihn meine, dann kann er im Nebenzimmer sein oder am anderen Ende der Welt – und ich muss es nicht wissen –, aber es erreicht ihn, und zwar zeitgleich, in Punktzeit. In dem Augenblick, in dem ich es aussende, kommt es an. Es funktioniert wie beim Fax: Hier läuft es bei mir noch rein und beim anderen kommt schon die halbe Seite heraus. Ganz genauso ist es mit der Telepathie.

Und wie viel verstehen wir von dieser hohen Schule der Kommunikation? Fast nichts!

Stellen Sie sich z. B. vor, Sie wollen shoppen gehen, wissen aber nicht, wo Ihr Partner die Kreditkarte hingelegt hat. Also kurze telepathische Kommunikation: „Erwin, ganz gleich wo du jetzt bist, auf der A3 in Höhe Mannheim oder wo auch immer: Ich finde die Kreditkarten nicht. Ich will shoppen gehen!" Und Erwin ist auf Empfang und „faxt" sofort zurück: „In meiner blauen Jacke in der Brieftasche." Das wäre ganz natürlich. Wir brauchten dazu kein Gerät, gar nichts; alles was wir dazu benötigen haben wir schon. Sagen Sie auch nicht, dass Sie das nicht können. Sie haben mit Sicherheit schon mit anderen Menschen telepathisch kommuniziert.

Ein paar Beispiele:

- Sie alle haben irgendwann einmal in einem Café gesessen, in der U-Bahn, im Theater – oder wo auch immer – und haben bewusst oder unbewusst jemanden angeschaut, vielleicht seinen Hinterkopf. Vielleicht war dieser Mensch sogar im Gespräch, und Sie haben ihn angeschaut. Und plötzlich dreht er sich um und schaut SIE direkt an – fragend: Was wollen Sie von mir? Ihr telepathischer Impuls ist angekommen und hat ihn zu der Reaktion veranlasst.

- Vielleicht haben Sie diese Erfahrung noch spezieller gemacht. Sie denken an einen alten Freund, von dem Sie schon lange nichts mehr gehört haben. Plötzlich klingelt das Telefon, und er ist dran: „Ich wollte mich wieder einmal bei dir melden! Wir haben lange nichts voneinander gehört." Zufall?!
- Oder Sie denken an einen Freund und sind in einer Stadt, in der Sie noch nie waren. Sie gehen in ein Café, was sonst nicht Ihre Art ist, und treffen dort auf ihn! Und Sie denken, das gibt es doch gar nicht! „Gerade denke ich an dich, und wir begegnen uns hier." Und er sagt: „Ich bin auch das erste Mal hier in dieser Stadt." Und Sie überlegen: Wie hat das Leben das gemacht? Welche Zufälle waren erforderlich? Aber es klappt! Es klappt immer.

Wenn wir noch ein bisschen weiter denken und uns nach dem alltäglichen Nutzen dieser Art der Kommunikation fragen, kommen wir zu Folgendem:

Warum sollten wir nicht auf diese Weise den richtigen Partner in unser Leben ziehen? Wir geben einfach den telepathischen Impuls: „Ich bin bereit! Ich bin bereit für die Begegnung mit Dir – *jetzt*. Wann kommst du?" – Und er antwortet: „Wie wäre es Freitag um 15 Uhr im Kino?"

Sie treten ganz bewusst in eine telepathische Kommunikation mit jemandem ein, den Sie noch gar nicht kennen, sondern erst kennen lernen möchten. Doch der andere ist auf der gleichen Frequenz, auf der Wellenlänge, die Ihnen entspricht.

Oder Sie brauchen gerade jetzt einen Arbeitsplatz. Was machen Sie normalerweise, wenn Sie im Verstand-

Modus sind und glauben, sich vernünftig zu verhalten? Sie kaufen sich ein paar Zeitungen, lesen die Inserate und streichen die in Frage kommenden an: Anschließend stellen Sie Ihre Unterlagen zusammen und schicken heute zwölf Bewerbungen los, morgen sechs, übermorgen noch einmal fünf.

Doch wozu dieser unnötige Aufwand? Sie brauchen doch nur eine Stelle! Sie brauchen dafür auch nur eine einzige Bewerbung. Der „Haken“ ist: Sie müssen sie an die richtige Firma schicken. Und Sie müssen dort natürlich die richtige Formulierung finden. Damit derjenige, der Ihre Bewerbung liest, auch weiß: Sie sind der Richtige für den Job!

Das heißt, Sie müssen diese Aufgabe nicht aus dem Verstand lösen, sondern Sie müssen in einem Energiebewusstsein sein. Egal, was Sie schreiben, es muss energetisch richtig sein und den anderen ansprechen. Dann schicken Sie eine einzige Bewerbung und Sie bekommen *ihre* Stelle. Aber Sie müssen vorher wissen: Das ist *meine* Stelle.

Das kostet Sie genau eine Mark. Sie brauchen nicht fleißig sein und nach den Regeln des Verstandes zu streuen. Sie sollten nur von Ihren natürlichen Möglichkeiten Gebrauch machen. Dazu müssen Sie (wie schon gesagt) sinnvoll lesen können. Wenn Sie die Zeitung lesen, müssen Sie erfassen: Das hört sich zwar sehr gut an, würde mich auch interessieren, aber das ist nicht meine Stelle. Also Finger weg! Doch das hier: Die suchen eigentlich jemand anderen, aber das ist meine Firma. Da bewerbe ich mich. Das stimmt.

Und dann bewerben Sie sich dort in dem Bewusstsein: „Hallo, hier bin ich, ich bin der Richtige! Sie haben mich gefunden, schön dass wir zusammengekommen sind. Sie haben das Inserat aufgegeben, ich habe es gelesen. Hier bin ich!“

Ganz gleich, was Sie sonst schreiben oder nicht (tabellarischen Lebenslauf usw.), viel wichtiger ist Ihr Bewusstsein und die kommunikative Energie. Und die teilt sich dem anderen mit, ob der energetisch lesen kann oder nicht. Wenn er energetisch lesen kann, merkt er es bewusst, wenn er nicht energetisch lesen kann, erreicht es ihn unbewusst. Er sagt dann vielleicht: „Also eigentlich, von seiner beruflichen Entwicklung und seinem beruflichen Werdegang ist das nicht ganz das, was wir suchen. Aber ich habe so das Gefühl, den sollten wir einmal einladen.“ Dieses Gefühl hat er, weil Sie diese Botschaft energetisch geschrieben haben und energetisch zu kommunizieren in der Lage sind!

Wie gesagt: Das wäre ganz natürlich, ganz normal. Das kann jeder. Wir brauchen es nur wieder zu lernen, weil wir es vergessen haben und uns abgewöhnt haben. Jedoch ist ein gewisses Training nötig, um Sicherheit und Vertrauen in diese höhere Form der Kommunikation zu finden.

Letztlich gehört zu dieser Kommunikation auch (und ganz besonders), dass wir ständig über die Intuition nicht nur miteinander verbunden sind, sondern auch mit dem *Ich Bin*, mit dem ganzen kosmischen *Sein*.

Es heißt in der birmanischen Schöpfungsgeschichte so schön: „Am Anfang gestattete der eine einem Teil von sich als viele in Erscheinung zu treten.“

Jetzt könnte der Teil wieder mit dem anderen Teil, aber auch mit dem nichtmanifestierten Teil, mit dem Weltengeist – wie immer wir es nennen – kommunizieren. Wir könnten wieder lernen, zu erkennen, dass Intuition ständig geschieht. Ich brauche mich nur zu öffnen und auf Empfang zu gehen.

Übung 1:
Auf Empfang gehen

Beginnen wir mit der Praxis: Gehen Sie doch jetzt einmal auf Empfang!
Stellen Sie sich vor, der liebe Gott (das Unaussprechliche und Unbeschreibbare – deswegen diese Verfremdung) sendet speziell für Sie eine Intuition aus, ein intuitives Fax. Machen Sie einmal „Ihr Gerät" empfangsbereit, damit dieses intuitive Fax Sie auch erreichen kann. (Fragen Sie nicht, auf welchen Knopf man drücken muss, ich kenne die Gebrauchsanweisung nicht!) Tun Sie einmal das, was Sie tun können – und Sie können es! Denken Sie nicht darüber nach (Wie soll das denn gehen? Das habe ich ja noch nie gemacht), denn sonst sitzen Sie in der Sackgasse, in den Grenzen des Verstandes. Das bringt Sie an diesem Punkt jetzt nicht weiter.
Stellen Sie sich einmal ganz einfach auf Empfang ein. Jetzt beginnt Ihre Intuition: Sie nehmen einfach einmal wahr. Ihre Intuition kann sich sogar als „Störung" bemerkbar machen. Können Sie erkennen, dass diese Störung Ihnen etwas sagen will? Was könnte die Botschaft der „Störung" sein? Können Sie sie deuten?
Vielleicht entdecken Sie dann noch ein Hindernis. Beseitigen Sie es! Oder Sie spüren, dass Sie zu sehr im Verstand sind. Also gehen Sie raus, denken Sie nicht nach!
Es wäre jetzt ein wichtiger Schritt, wenn Sie erkennen, welches Hindernis zwischen Ihnen und Ihrer Intuition ist. Dieses Hindernis ist in der Regel der Verstand. (Was soll das? Wie soll ein unangenehmes Geräusch eine intuitive Botschaft sein? Werde ich hier veräppelt, oder was?). Spricht Ihr Verstand auch so zu Ihnen? Wie nehmen Sie ihn in dieser Übung wahr?

Überlegen Sie: Was fehlt da noch? Wie kann ich meine Bereitschaft erhöhen? Wie kann ich empfänglicher werden, damit mich die Intuition erreichen kann?
Sind Sie jetzt bereit, sich auf dieses Abenteuer einzulassen, den Verstand zur Ruhe kommen zu lassen und sich Ihrer Intuition zu öffnen?
Eine ausgezeichnete Möglichkeit, um sich der Intuition zu öffnen, ist: Sie erkennen, *wer Sie wirklich sind.*
Sie erkennen: Ich bin nicht der Körper. Ich bin eine Art Energiefeld im Körper. Aber ich gehöre da gar nicht hinein. Ich bin (wie im Märchen der Flaschengeist bei Aladin) in der Flasche meines Körperbewusstseins gefangen. Ich befreie mich, indem ich erkenne: Ich bin nicht mein Körper!
Und Sie machen die Flaschenöffnung ganz oben an Ihrem Kopf auf. Sie öffnen die Flasche Ihres Körperbewusstseins und lassen dieses Energiefeld, das Sie sind, einfach einmal heraus! Es genügt, dass Sie sich das vorstellen und dann praktizieren!
Wachsen Sie einfach einmal über sich hinaus! Kommen Sie hervor! Und wachsen Sie energetisch über sich hinaus, werden Sie einmal zwei Meter oder zwei Meter fünfzig groß, so wie es für Sie stimmt. Wenn Sie ein Bild brauchen, dann stellen Sie sich vor: Sie haben ein Schiebedach im Auto, öffnen es und strecken Ihren Kopf einmal raus. Frischer Wind weht, und Sie schauen oben aus dem Auto. Und genau so schauen Sie einmal aus Ihrem Körper oben heraus. Wachsen Sie einmal über sich hinaus.
Und schon sind Sie auf Empfang, denn da sind keine Gedanken. Über Ihrem Kopf ist Gedankenstille. Ihr Bewusstsein öffnet sich umfassend.
Wenn ich Ihnen noch ein Bild geben darf: Stellen Sie sich vor, das ganze Universum ist jetzt Ihr verlängertes Gehirn.

Sie denken jetzt mit dem ganzen Universum! Das heißt, denken ist das falsche Wort, Sie denken nicht mehr. Denken ist ein Zeichen mangelnder Intelligenz für Leute, die es noch nicht besser wissen.
Sie wissen es jetzt besser. Sie sind gerade in den unendlichen Raum der Wahrnehmung gegangen. (Spüren Sie diese Unendlichkeit?!) Und damit haben Sie die Grenzen Ihres Verstandes überschritten!

Die Grenzen des Verstandes

Sie werden Ihren Verstand als wichtiges Werkzeug weiterhin zu schätzen wissen. Aber Sie werden ihm nicht mehr Aufgaben zuteilen (ich hoffe ab jetzt nie wieder), denen er einfach nicht gewachsen ist.

Ein Verstand ist nicht in der Lage, das Leben zu führen. Anders ausgedrückt: Führen Sie Ihr Leben, aber führen Sie es nicht aus dem Verstand heraus. Er kann Ihnen auf alle wichtigen Fragen des Lebens keine brauchbaren Antworten geben.

Nehmen wir ganz einfache und alltägliche Beispiele: Welchen Beruf soll ich ergreifen? Soll ich Erika heiraten? Wie reagiert der Verstand auf diese Fragen? Er antwortet mit Argumenten, aber ein Traumberuf oder eine Partnerschaft sind keine Rechenaufgabe, keine Logik-Übung. Wenn Sie dagegen in der Wahrnehmung sind (wir haben eben den ersten Schritt dazu gemeinsam getan), dann werden Sie Ihr Leben wieder selbst führen und nicht an den Verstand delegieren. Sie werden auch ohne Nachdenken erkennen, was wirklich zu tun ist – und Sie tun das Richtige! Sie fällen keine Entscheidungen mehr nach reiflichen Überlegungen, sondern Sie treffen Entscheidungen wie einen guten Bekannten auf der Straße.

Sie schauen hin und erkennen: „Stimmt!" Das war gerade Intuition, ein intuitiver Einfall, der einfach passt. Genau das bedeutet Leben in der Intuition. Sie machen keine Fehler mehr, die Sie dann mühsam mit Aufopferung von Zeit und Geld wieder in Ordnung bringen müssen. Sie erkennen „Stimmt!" oder „Stimmt nicht!" und fangen an, stimmig aus der Intuition zu leben.

So nutzen Sie das Kommunikationsmittel *Intuition*. Sie bleiben ständig in Verbindung mit Ihrer Intuition.

Dabei werden Sie aber nie ein Sklave der Intuition. Sie müssen nicht tun, was Ihnen Ihre Intuition empfiehlt. Intuition ist immer nur ein „höherer Ratschlag", aber kein Befehl. Sie können zwar eigenwillig handeln, aber Sie können nicht mehr sagen, Sie hätten es nicht besser gewusst! Sie wissen nach einer intuitiven Eingebung: Das wäre jetzt das Richtige für mich. Bin ich dazu bereit oder nicht? Und wenn nicht, dann ist das auch in Ordnung, aber ich trage die Konsequenzen für mein eigenwilliges Handeln. Doch Sie wissen: So hätte es gestimmt. Wenn Sie sich des Mittels der Intuition bedienen, liegt es ganz in Ihrer Hand, ein für allemal stimmig zu leben.

Der Schritt zur Intuition

In der Intuition zu leben ist eigentlich ein einfacher (aber nicht unbedingt leichter) Schritt: Erinnern Sie sich daran, wer Sie wirklich sind! Beantworten Sie die Frage: *Wer bin ich?* Eine wahrlich einfache Frage! Doch letztlich sind alle unsere Religionen, alle unsere Philosophien, vielleicht sogar unsere Naturwissenschaften und Künste der Versuch einer Antwort auf diese Frage.

Wenn wir versuchen, die Frage zu beantworten, rutschen wir sehr schnell aus. Statt die Frage zu beantworten, wechseln wir das Thema, beantworten andere Fragen wie: Was *habe* ich? Was *mache* ich? Wir identifizieren uns nicht mit uns selbst, sondern mit Dingen, die wir haben oder tun. Ich bin mein Auto! Ich bin mein Beruf! Ich bin meine Firma! Ich bin mein Lebenspartner! Ich bin meine Ehe! Ich bin meine Familie!

Doch die „falschen Antworten“ können verschleierter sein. Was halten Sie von den Antworten: Ich bin mein *Ich*! Ich bin mein Körper! Ich bin meine Persönlichkeit!

Alles das *haben* Sie, aber *sind* Sie nicht! In der Intuition identifizieren Sie sich mit sich *selbst*, aber nicht mit einer Äußerlichkeit, die Sie haben.

Ich bin der Denker, nicht der Gedanke. Ich bin nicht mein Gefühl, ich bin der, der fühlt. Ich bin der, der mein Leben führt. Ich bin allumfassendes Bewusstsein. *Ich Bin.*

In dieser Selbst-Identifikation als Bewusstsein erschließen sich Ihnen ganz neue Dimensionen. Sie brauchen eigentlich nichts Neues mehr zu lernen, sondern lernen durch Erinnern, was Sie als Bewusstsein schon lange in Ihrem Inneren wissen. Sie haben Zugang zu Ihrer Quelle. Ihnen reichen minimale Informationen: Jede Geste, jedes Wort, jeder Klang – alles ist umfassende Botschaft für Sie. Ein anderer braucht nur einen Strich zu machen und Sie können ein ganzes Buch über ihn schreiben. Oder während Ihnen jemand etwas mitteilt (ganz gleich was), erreicht Sie energetisch die Botschaft: „April, April, stimmt gar nicht! Behaupte ich nur!“ Mit diesem Bewußtsein nehmen Sie nicht nur wahr, was der Gesprächspartner Ihnen verbal mitteilt, sondern auch, was er wirklich denkt. Ihnen bleibt kein Geheimnis mehr verborgen!

Für ein tieferes Verständnis sollten wir erkennen: Bevor Evolution möglich war (wir sind ja wieder auf dem Weg aufwärts), ist Involution geschehen, das heißt: Diese eine Kraft hat sich zuerst in sich zurückgezogen.

Warum? Die Antwort aller Weisheitslehren ist: um sich zu erfahren. Allmacht nützt nichts, wenn sie nicht angewendet werden kann, wenn sie nicht zum Ausdruck kommt. Und nachdem die eine Kraft sich geteilt hat (ich erinnere an die wundervolle Formulierung der birmanischen Schöpfungsgeschichte), dann müssen diese auseinander strebenden Teile (wir nennen das Evolution) ständig miteinander in Kommunikation stehen. Und das nennen wir Intuition!

Aber auch die Art der Kommunikation änderte sich mit der Zeit, wie wir gleich sehen werden. Denn wenn wir einmal die Entstehungsgeschichte der Menschheit in den verschiedenen Religionsbüchern lesen (bleiben wir einmal bei der Bibel, weil wir sie besser kennen), wenn wir also die Schöpfungsgeschichte lesen, dann lesen wir darin klar und deutlich, dass Adam nach dem Bild Gottes geschaffen wurde. Im Paradies sprachen Gott und Adam noch direkt miteinander. Adam konnte sich also jederzeit wie an einen Vater an Gott wenden, konnte mit Gott sprechen, und Gott antwortete unmittelbar.

Mit dem Verlust des Paradieses endete diese unmittelbare Kommunikation. Zu Melchisedek, einem frühen Nachkommen von Adam, spricht Gott nur noch im Traum. Zu Jakob, einem späten Nachkommen von Adam, spricht nur noch ein Engel im Traum. Josef, der Sohn von Jakob, hat nur noch Träume, die er sich selbst deuten muss. Und der ägyptische Pharao hat einen Traum, an den er sich zwar erinnert, den er aber nicht mehr deuten kann.

Wir hingegen können uns oft nicht einmal mehr an unsere Träume erinnern (und wenn doch, dann wissen wir nichts damit anzufangen). Kurz: Wir haben den Zugang zu unserem inneren Wissen verloren.

Der Zugang zur Intuition ist die Umkehrung dieser Kommunikationsstörung mit unserem „Hohen Selbst", der „einen Kraft", oder mit welchen Namen Sie es auch immer belegen wollen. Intuition ist die Umkehrung, bis wir am Ende mit Gott wieder „von Angesicht zu Angesicht" kommunizieren können.

Prüfen Sie diese These: Wann hatten Sie schon einmal einen Traum, der sich erfüllt hat; eine Inspiration, die sich als richtig erwies; eine Ahnung? Ihr Verstand hatte sicher Argumente dagegen, doch hinterher haben Sie erkannt: „Hätte ich doch auf meine innere Stimme gehört! Ich habe es gewusst, ich habe es gewusst. Irgendetwas hat es mir gesagt." Können Sie sich daran erinnern?

Ein anderes Beispiel: Sie kommen in einen dunklen Raum. Es ist nichts zu sehen, aber Sie wissen, dass jemand im Raum ist. Woher wissen Sie das? Sie spüren es! Intuition! Sie haben eine intuitive Botschaft vom anderen empfangen, obwohl es kein Geräusch gibt und nichts zu sehen ist. Sie wissen trotzdem: Da ist jemand! Und wenn Sie jetzt ganz still werden und auf Empfang gehen, dann können Sie auch genau sagen wo. Sie fühlen, aus welcher Richtung das Signal kommt. Und wenn Sie noch genauer in sich hineinhorchen, dann spüren Sie: Wie weit ist die Person entfernt? Ist es ein Mann oder eine Frau? Wie alt ist die Person? Ist sie mir freundlich gesonnen?

Die Fähigkeit haben wir alle. Wir machen nur keinen Gebrauch davon. Das heißt, wir alle sind in dieser Hinsicht viel begabter, als wir bisher glaubten. Leider nutzen wir diese wundervollen Eigenschaften viel zu wenig.

Was wir wieder lernen müssen, ist Vertrauen zu unserer natürlichen Fähigkeit, der Intuition, aufzubauen. Uns immer wieder einmal zu fragen, was bedeutet dieses Signal? Welche Botschaft bekomme ich gerade? Warum fällt mir dieser Zufall zu? Und Sie erkennen: Schon sehr früh in der Kindheit verlernen wir, unserer Wahrnehmung zu vertrauen. Damals waren wir noch in der Wahrnehmung, aber wir lernten, nicht auf uns selbst zu hören, sondern darauf zu achten, es unseren Mitmenschen recht zu machen, und so verloren wir den Kontakt zu uns selbst. Nur sehr selten hilft uns die Umwelt, uns selbst zu vertrauen.

Und so kommt es, dass wir irgendwann als Kind unser intuitives Wissen unterdrücken und uns an den so genannten Tatsachen orientieren, anstatt die Tatsachen mit Hilfe der Intuition zu gestalten. Das ist unser eigentlicher Weg. Wir sind sachlich geworden, objektiv: Nur noch Daten, Zahlen, Fakten zählen. Wir nehmen das als Tatsache hin und merken gar nicht, dass wir uns in die Opferhaltung begeben haben: Das sind nun mal die Gegebenheiten! Damit muss man umgehen! Daraus muss man das Beste machen!

Aber wer gibt denn die Gegebenheiten vor?! Sie geben sie sich doch selbst. Und Sie können sie jederzeit ändern. Ganz gleich, durch wen sie in Erscheinung treten. Der andere ist immer nur der Bote des Schicksals. Sie haben die Gegebenheit verursacht, und Sie können sie jederzeit ändern.

Tatsachen zeigen nur, dass etwas jetzt so ist, aber nicht, dass es so bleiben muss. Alles um uns herum ist eine Botschaft. Das Leben zeigt uns, wenn wir über einen Lebensumstand nachdenken: Das hier hast du so geschaffen. Ist es so in Ordnung? Soll ich etwas verändern? Das habe ich früher gewählt. Was wähle ich heute? Wenn Sie bei Bewusstsein sind, können Sie in jedem Augenblick alles ändern.

Vom Opfer- zum Schöpferbewusstsein

In der Opferhaltung verschließen wir uns der Intuition. Ein Opfer fragt: Was bringt mir die Zukunft? Ein Schöpfer fragt: Wie gestalte ich meine Zukunft?

Sie sind in der Lage, in jedem Augenblick frei zu wählen. Sie können jetzt etwas ändern und feststellen, dass das auch noch nicht optimal ist, und ändern es in einem anderen Augenblick wieder, nur um zu erkennen: Das war es immer noch nicht ganz! Sie können etwas in jedem Augenblick ändern, sooft Sie wollen. Es ist Ihr Leben, es gehorcht Ihnen. Sie sind der Meister, die Meisterin!

Sie könnten also jetzt in diesem Augenblick einen ganz entscheidenden Schritt tun, den Schritt vom Opfer zum Schöpfer. Es ist wie eine Neugeburt.

Sie erkennen: Ich bestimme die Tatsachen, gestalte die Umstände. Und das kann ich in jedem Augenblick tun. Ich fange jetzt an, um nie mehr damit aufzuhören. Ich fange jetzt an, mein Leben zu führen, selbst zu bestimmen.

Und dabei können Sie keine Fehler machen! Sollten Sie nach einiger Zeit erkennen, „Das war falsch“, dann war das ja kein wirklicher Fehler. Denn wenn Sie diesen „Fehler“ nicht gemacht hätten, hätten Sie ja nicht erkannt, dass es falsch war (Sie hätten diese Erkenntnis nicht gewonnen). Wir lernen am meisten durch die Fehler, die wir machen und korrigieren! Fehler sind – so verstanden – Lernimpulse. (Wenn die Lehrer in den Schulen das nur endlich so sehen würden. Dann würden Fehler nicht mehr mit Rotstift abgestraft, sondern mit einem *Hurra* gefeiert: „Seht her, Gott sei Dank, hier können wir wieder etwas lernen!“)

Es ist für den Lernprozess also notwendig, diesen scheinbaren Fehler zu machen, um zu der Erkenntnis zu kommen: So ist es nicht optimal. Ihre Aufmerksamkeit wird darauf gelenkt, wie es optimal wäre. Wie würde es für mich stimmen? Und dann schaffen Sie es einfach!

Ein Opfer macht Fehler und wird von „Mit-den-Fingern-auf-Fehler-Zeigenden“ (das kann ein ganzer Beruf sein!) bestraft. Ein Schöpfer dagegen macht Fortschritte.

Gehen Sie jetzt einmal in dieses Schöpferbewusstsein (über sich hinauswachsen, hervortreten; vgl. Übung 1) und Sie erkennen: Ich bin ein Teil der höchsten Kraft des Universums, *Ich Bin*. Es ist meine natürliche Fähigkeit, die Umstände selbst zu bestimmen, die Tatsachen selbst zu gestalten.

Sagen Sie keinesfalls, Sie könnten ja nicht die wirtschaftliche Situation ändern oder die politische Entwicklung. Das brauchen Sie gar nicht. Sie brauchen nur dafür zu sorgen, dass (ganz gleich welche wirtschaftliche Situation oder welche politische Entwicklung) Ihre Lebensumstände so sind, wie Sie sie schaffen.

Das kann ganz gegen den Trend sein, es spielt überhaupt keine Rolle: Alles kann zusammenbrechen, und Sie werden in dieser Zeit wohlhabend; alles wird krank, und Sie bleiben gesund oder werden immer noch gesünder. Das heißt, Sie gestalten – eingebettet in ein Gemeinschaftsschicksal – bewusst Ihr individuelles Schicksal. Sie bestimmen, was Ihnen widerfährt. Und Sie leben bewusst, sind Schöpfer. Das allerdings ist nicht nur möglich, sondern Ihre eigentliche Aufgabe! Je mehr „gegen den Strom schwimmen“, desto eher verwandeln sich auch die globalen Umstände und „Gegebenheiten“.

Also machen Sie sich einmal bewusst: Wie möchten Sie gerne, dass Ihr Leben weitergeht? Stellen Sie sich vor, Ihr Leben ist eine Reise und Sie können noch umbuchen. Oder Ihr Leben ist ein Buch, und bis hierher haben Sie es schon geschrieben. Aber ab jetzt können Sie Ihre Wunschbiografie nicht nur schreiben, sondern praktisch leben. Alles, was Sie gerne in Ihrem Leben hätten, können Sie jetzt schaffen, bestellen, verursachen.

Vielleicht bemerken Sie jetzt einen irritierenden Mangel. Die meisten wissen nicht genau, was sie gerne hätten. Sie haben sich mit ihrem Leben bereits so abgefunden, dass sie gar keine Wünsche mehr formulieren können. Sie haben sich nicht getraut, zu träumen; sind immer nur mit „Tatsachen“ umgegangen und machten das Beste daraus. Das ist jedoch nur ein optimistisches Opfer, aber kein Schöpfer. „Man muss das Leben nun einmal nehmen wie es ist.“ Nein, das müssen Sie nicht! Wer sagt das denn? Sie können daraus machen, was Sie wollen! Und Sie sollten sofort damit anfangen.

Und wenn es das Einzige wäre, was Sie hier lernen würden (ich verspreche Ihnen, es wird nicht das Einzige bleiben!), es wäre schon ein entscheidender Schritt in Ihrem Leben, den Schritt vom Opfer zum Schöpfer getan zu haben. Also sagen Sie sich: Okay, ich fange jetzt an zu träumen. Ich fange einmal an, mein Leben zu träumen. Was wäre mein Wunschtraum?

Träume wahrnehmen und verwirklichen

Sie werden erstaunt feststellen, wie ungeübt Sie im Träumen sind. Also üben Sie es! Was Sie schon geträumt haben, lassen Sie natürlich nicht auf der Traumebene (Schritt 1). Jetzt realisieren Sie Ihre Träume in Ihrem Leben (Schritt 2).

Seien Sie gewiss: Alles ist möglich! Es gibt keine Grenzen für die Verwirklichung Ihrer Träume. Die einzige Grenze ist Ihre Vorstellung, dass da eine Grenze sei. Das heißt: Ganz gleich, ob Sie nun glauben, dass es funktioniert, oder nicht, Sie behalten in jedem Fall Recht. Ob Sie sagen: „Ich schaffe es!“ oder „Ich schaffe es nicht", Sie behalten Recht. Sie sind der Schöpfer, Sie waren es immer. Nur vielleicht haben Sie bis jetzt ein bisschen unbewusst geschöpft. Und das könnten wir ändern.

Schritt 1: Die Änderung beginnt mit einem Traum, einer Vision. Es erfordert Übung, bis ich im Traumbewusstsein bin, bis mir ständig einfällt: „Das wäre jetzt ideal", „Das würde jetzt stimmen", „In diesen Umständen würde ich jetzt gerne leben".

Fangen Sie jetzt an zu träumen. Je stärker Ihre Intuition ist, desto stimmiger sind auch Ihre Träume. Sie haben dann keine angstvollen Albträume mehr (die kommen aus dem emotionalen Bereich), sondern Visionen, seherische Träume, die so klar sein können, als ob Sie sich an Ihre eigene Zukunft erinnern könnten.

Schritt 2: Verwirklichen Sie Ihren Traum. Seien Sie sich dabei bewusst: Das Ich, das ich bis hierher glaubte zu sein, bin ich nicht nur nicht, ich habe mit ihm überhaupt nichts zu tun! Es ist eine Ansammlung von konditionierten Verhaltensweisen, die mir in der Kindheit wie ein Brandzeichen eingeprägt wurden – (Eltern, Lehrer, Spielkameraden, Chefs ... die Liste ist beliebig zu erweitern). Sie haben mich alle so nach ihren Interessen zurechtgebogen, bis ich das war, was ich jetzt bin. Und vielleicht bin ich heute noch auf das Ergebnis stolz und sage mit angeschwollener Brust: „Das ist meine Persönlichkeit!"

Aber Sie haben zu dieser Persönlichkeit herzlich wenig beigetragen. Sie kamen ohne Persönlichkeit an, einfach als *Ich Bin*. Dann haben Sie so etwas zugelegt bekommen wie Ihre Persönlichkeit. Das war anfangs notwendig und hilfreich.

Aber irgendwann wird diese Persönlichkeit ein Hindernis. Ziehen Sie es aus wie ein Kleid und treten Sie als unpersönliches Bewusstsein hervor, eigenschaftslos. Jetzt sind Sie bereit, in jede Rolle zu schlüpfen, jede Eigenschaft anzunehmen. Wie wäre es mit einer Heilerin, einem Magier, einer Wilden, einem Der-mit-den-Indianern-tanzt (welche Rolle sich Ihren Träumen auch immer offenbaren möge)?

Doch bleiben Sie immer in dem Bewusstsein: Ich habe keine Eigenschaft. Ich spiele nur eine Rolle, aber ich bin diese Rolle nicht. Denken Sie an den schönen Spruch: „solange man im Leben noch eine Rolle spielt, spielt man noch keine Rolle. Erst wenn man keine Rolle mehr spielt, dann spielt man eine Rolle".

Das bedeutet: Sie sind in Ihrem Leben der bewusste und schöpferische Schauspieler, Drehbuchautor und Hauptdarsteller. Sie können jederzeit etwas ändern. Es ist niemand da, der Sie dafür kritisiert. Und Sie werden erkennen, dass die ganze Welt mitspielt. Sie können tatsächlich die ganze Komödie bestimmen. (Oder wäre Ihnen ein Drama lieber? Spielen Sie es!)

Die Quelle der Intuition

Um die Quelle der Intuition zum Sprudeln zu bringen, ist es wichtig zu erkennen, dass alles Wissen, alle Wahrheit dieser Welt in mir (das heißt in Ihnen) liegt.

Wenn ich weiß, alles Wissen liegt in mir und wartet nur darauf, dass ich mich ihm wieder zuwende, dann kann ich dem vertrauen, dann finde ich die Quelle der Intuition in mir. Es gibt nichts, was ich mir erarbeiten muss, was ich durch Mühe vielleicht irgendwann einmal erreiche. Die Intuition ist vielmehr Teil meines Wesens, den ich nur wieder in Besitz zu nehmen brauche. Um ihn in Besitz zu nehmen, muss ich zunächst einmal erkennen, dass diese Weisheit in mir existent ist, dass die Quelle darauf wartet, genutzt zu werden. Und dann sollten wir wieder lernen, nach unseren intuitiven Eingebungen zu handeln, auch wenn das anfangs unserem Verstand riskant erscheinen mag.

Üben Sie es doch in Bereichen, wo Sie es vertreten können, wo es in Ihrem Leben kein großes Risiko darstellt! Zum Beispiel: Wo finde ich einen Parkplatz? Welche Strecke fahre ich? Oder wenn das Telefon klingelt: Wer ist dran? Einfach einmal dreimal läuten lassen und in sich hineinhorchen. Dann könnte es sein, dass Sie sagen: „Hallo, Mutter, schön, dass du anrufst!" Ihre Reaktion: „Ich habe doch gar nichts gesagt. Woher weißt du, dass ich es bin?" – „Ja das weiß ich natürlich!"

Üben Sie zuerst in Bereichen, wo ein Fehler, ein Missverständnis nicht schlimm wäre. Und auch dabei sollte Ihnen stets bewusst bleiben: Die Intuition macht keine Fehler. Das ist völlig ausgeschlossen. Wir machen den Fehler in der Interpretation der Intuition.

Damit kommen wir zu einem ganz bedeutsamen Punkt für das Verständnis und das Nutzen von Intuition. Intuition kommt energetisch, nicht verbal oder informativ. Sie kommt als Energie. Und wenn ich diese Intuition sagbar machen will, muss ich sie in Worte übersetzen. Schon in dieser Übersetzung liegt natürlich eine Unschärfe. Wie viel habe ich empfangen? Wie gut habe ich es verstanden? Wie gut vermag ich diese Energie wieder in Worten auszudrücken?

Für Fortgeschrittene ist es deswegen leichter. Sie empfangen die Energie der Intuition und belassen sie energetisch. Denn, Sie haben ein energetisches Gedächtnis obwohl Sie das bisher noch nie bewusst eingesetzt haben: Das heißt, Sie können sich an eine Energie erinnern und auch noch nach Monaten aus dieser energetischen Erinnerungsbank einzelne Informationen abgreifen. Jede Übersetzung, jede Fassung ins Wort begrenzt natürlich und verkleinert die eigentliche Aussage der Intuition.

Machen Sie sich also bewusst: Es stellt kein Risiko dar, nach Ihrer Intuition zu handeln. Das Risiko ist viel größer, nach Ihrem Verstand zu handeln! Mag Ihr Verstand noch so brillant sein, er hat die geringere Erfahrung. Die Intuition hat die umfassende, universelle Kapazität. Der Verstand kann behilflich sein, unserer Intuition und Weisheit Ausdruck zu verleihen, und muss es auch, aber lassen Sie ihn nicht mehr Ihre Intuition unterdrücken und blockieren, denn das ist eine Blockade von Kraft, von Lebensenergie. Der Verstand hält Sie so klein, wie er selbst im Verhältnis zur Intuition klein ist.

Seiner Intuition zu vertrauen ist eine Kunst, die man nur durch ständiges Üben vervollkommnen kann. Und dabei muss man eben bereit sein, scheinbare Fehler zu machen und Kommunikationsstörungen auch in Kauf nehmen. Fehler entstehen immer beim Empfangen. Was seine Zeit braucht, ist also zu lernen und zu trainieren, die Intuition richtig wahrzunehmen, zu verstehen und eventuell zum Ausdruck zu bringen.

Viele Menschen (mehr, als man glaubt!) folgen ihrer Intuition: Musiker, Künstler, Schauspieler, auch Wissenschaftler. Für Einstein zum Beispiel war sie die wichtigste Komponente für wissenschaftliche, schöpferische Leistungen. Aber auch diese Leute machen meistens Fehler, wenn es um das praktische Leben geht. Das lassen sie dann wieder von ihrem Verstand bestimmen, obwohl das nicht mehr sein müsste.

Sie haben also in sich eine Quelle absoluten Wissens, die keine Fehler macht. Das Einzige, das es zu lernen gilt, ist mit dieser Quelle wieder in Kontakt zu treten. Sie müssen ja nicht Ihr Leben voll und ganz von der Intuition bestimmen lassen, es ist ja nur eine großartige Chance. Sie entscheiden selbst, ob Sie wollen oder nicht.

Aber Sie könnten sich hier entscheiden, ab jetzt ständig auf Ihre Intuition zu hören; sie als Ratgeber einmal hinzuzuziehen: Was sagt die Intuition dazu? Danach treffen Sie Ihre Entscheidung.

Das Leben als Spiel

Sobald Sie ganz zu Bewusstsein gekommen sind, werden Sie erkennen, dass es nie etwas zu entscheiden oder gar zu kämpfen gibt. Beide Vorurteile des Verstandes abzulegen ist wichtig, um Intuition besser empfangen zu können.

Sie stehen nie im Leben vor einer wirklichen Entscheidung. Der Verstand stellt Sie scheinbar immer wieder einmal vor eine Entscheidung (um sich wichtig zu tun): Soll ich die Stelle in Frankfurt annehmen? Soll ich Erika heiraten? Soll ich Medizin studieren? Soll ich ...

Doch wann immer Ihnen eine solche Entscheidungsfrage bewusst wird, seien Sie sich darüber im Klaren, dass die Frage Sie nur auf die Antwort aufmerksam machen will, die bereits in Ihnen liegt. Denn wenn es diese Spannung zwischen den Alternativen nicht gäbe (Soll ich dies oder jenes?), würde sich die Frage gar nicht erst stellen. In Ihrem Inneren wissen Sie, was richtig ist – und wenn Ihnen der Verstand nicht in die Quere kommt, werden Sie nach diesem Wissen handeln!

Wenn Sie mich also etwas fragen, werde ich Sie zuerst um die Antwort bitten, damit Sie sich bewusst machen, dass Sie es wissen, dass Sie es können! Und das sollten Sie auch lernen und für Ihr Leben nutzen, zum Beispiel im Umgang mit Ihren Kindern. Beantworten Sie Kindern (oder Angestellten, Partnern) keine Entscheidungsfragen mehr, sondern helfen Sie ihnen, die Antwort in ihnen selbst zu ergründen.

Unser Verstand hält es anscheinend für klug, dass wir es uns in unserem Leben schwer machen, dass wir ständig Entscheidungen fällen und gegen irgendetwas und irgendwen ankämpfen müssen.

Lassen Sie es mich an einem einfachen Beispiel erläutern: Stellen Sie sich vor, Sie würden mit Boris Becker oder Steffi Graf Tennis spielen, und die wollen Sie „aus pädagogischen Gründen" gewinnen lassen, heben die Bälle immer nur sanft übers Netz, und Sie gewinnen. Wäre das toll? Einmal vielleicht. Dann könnten sie sagen: Steffi Graf besiegt! Ein zweites Mal würden Sie lieber sagen: Jetzt hätte ich aber gerne mit ihr Tennis gespielt, nicht nur gewonnen.

Das heißt, sobald Sie der andere richtig fordert und Sie hin und her jagt, verlieren Sie natürlich – haushoch vielleicht sogar. Aber Sie können auch sagen: „Es war ein fantastisches Spiel! Ich habe mein Letztes gegeben; ich hatte natürlich keine Chance, aber es war eine unglaubliche Herausforderung, das einmal zu erleben." Stellen Sie sich vor, Sie könnten diese sportliche Einstellung zum Leben haben – weg von dieser Gewinnermentalität, hin zum Spaß an einem Leben, wo es keine Bedeutung hat, ob jemand „gewinnt" oder „verliert", wo diese Begriffe bedeutungslos werden.

Und ganz gleich, wann immer mal wieder etwas schief läuft im Leben, etwas Kleines, Unbedeutendes oder etwas ganz Wichtiges, Großes: Sie haben jetzt die Chance, in die Gleichgültigkeit der Ereignisse zu kommen: Es ist gleichgültig. Das bedeutet aber nicht, dass es Ihnen egal ist, sondern dass es die gleiche Gültigkeit hat. Gewonnen, verloren: gleichgültig – Hauptsache leben und Freude am

Leben haben. Ob ich im Leben gewinne oder verliere ist für das Spiel ohne jede Bedeutung.

Ein weiteres Beispiel, um es noch deutlicher zu machen: Sie spielen in Ihrer Familie „Mensch ärgere dich nicht“. Sie sind jetzt ganz besonders geschickt und würfeln eine sechs nach der anderen. So kommen Sie sehr schnell mit Ihren Figuren ins Spiel und sind auch bald mit Ihren Figuren „auf dem Abstellgleis“. Ein Kind würde noch stolz jubeln: Ich habe gewonnen! Das mag richtig sein, doch das Spiel ist für Sie zu Ende! Die anderen spielen jetzt weiter und Sie nicht. Sie sind außen vor, können sich auf Ihren Lorbeeren ausruhen, denn Sie haben sich durch eine „Glückssträhne“ selbst ins Abseits manövriert.

Also, was wäre für Sie wichtiger? Kommt es Ihnen darauf an, zu sagen „Ich habe gewonnen!“, oder möchten Sie gerne das Spiel mit den anderen erleben? Wenn Sie anfangen, das Spiel des Lebens zu genießen, dann sind die Schwierigkeiten, Probleme und Krisen das Salz in der Suppe. Ohne sie würde die Suppe fade schmecken.

Das heißt also, Schwierigkeiten sind dazu da, das Spiel interessanter zu machen. Und mein Spielpartner Leben sagt: Schau einmal zu, wie du damit umgehst. Was machst du daraus? Scheinbar alles schief gelaufen, es gibt keine Aussichten, keine Chance, da rauszukommen. Was machst du in dieser Situation? Welche Entscheidung triffst du in deiner Ausweglosigkeit?

Dann setzen Sie sich hin, gehen in Ihre Mitte, wachsen über sich hinaus, gehen in die Wahrnehmung – öffnen sich damit Ihrer Intuition – und betrachten Ihre Situation (eine Situation ist immer eine Aufgabe). Was ist die erwünschte Lösung?

Eine weitere Erkenntnis, die Sie dabei machen können (bzw. an die Sie sich wieder erinnern werden): Wann immer Sie im Leben vor einer Aufgabe stehen, sind Sie in der Lage, eine Lösung zu finden. Wenn Sie sie nicht gefunden haben, dann haben Sie noch nicht richtig wahrgenommen und müssen noch einmal mit anderen Augen hinschauen. Sie müssen noch mehr zu Bewusstsein kommen, und dann plötzlich passiert das Wunder: Sie finden den Ausweg, und alles ist plötzlich ganz leicht. Sie fragen sich, ob Sie vorher blind gewesen sind, weil Sie die Lösung nicht sofort gesehen haben!

Am Anfang finden Sie Lösungen, die nahe liegend sind, dann finden Sie Lösungen, die verblüffend sind (wäre ich so gar nicht drauf gekommen!). Es wird Ihnen gleichgültig, und Sie brauchen gar keine Lösung mehr. Die Aufgabe selbst verschwindet. Das heißt, die Situation ist (für einen Außenstehenden) die gleiche, doch es ist für Sie gleichgültig geworden. Sie stehen plötzlich außerhalb oder über der Situation, lassen los und lassen geschehen.

Wir kommen zu einer immer faszinierenderen Art, mit Ereignissen umzugehen. Und jedes Mal, wenn wir denken, „Jetzt bin ich schon recht gut im Lösen von Aufgaben", gehen wir einen Schritt weiter und erkennen, das es gar nicht wichtig ist! Interessant wird es, wenn die Aufgabe verschwindet und keine Schwierigkeit mehr darstellt.

Alles ist möglich, positiv wie negativ. Es kann alles schief laufen, was ganz sicher scheint. Und alles, was ganz wage ist, kann plötzlich „wie am Schnürchen" funktionieren. Schauen Sie hin, wie es ist. Stülpen Sie nicht eine Erwartung über Ihre Zukunft, sondern gestalten Sie die Zukunft und betrachten Sie, was Sie gestaltet haben.

Wenn etwas nicht ganz optimal ist, dann müssen Sie es nachbessern, bzw. nachgestalten. Sollte die Nachgestaltung immer noch nicht ganz zu dem gewünschten Ergebnis geführt haben, dann korrigieren Sie es noch einmal. Irgendwann finden Sie die Lösung, und die ist so, wie Sie sie haben wollen. Und plötzlich stimmt alles! Aber Sie haben sich in der ganzen Zeit nie aufgeregt, Sie sind nie in Stress geraten, sind nie nervös geworden, waren nicht enttäuscht, verärgert, verletzt, gekränkt, beleidigt, aggressiv. All das wird ersatzlos gestrichen. Sie sehen genau hin und prüfen: Stimmt das für mich oder nicht? Wenn es nicht stimmt, ändern Sie es so oft, bis es irgendwann stimmt, und Sie werden merken, Ihr ganzes Leben wird stimmig.

Und dann erkennen Sie immer mehr, dass das Leben nur darauf wartet, dass Sie mitspielen. Sie sind aufgerufen, das Leben (diese Schöpfung) als Mitschöpfer und Selbstschöpfer zu gestalten. Es werden Dinge passieren, die Ihrer Vorstellung nicht entsprechen: Korrigieren Sie sie! Auf einmal wird das Leben leicht und angenehm, weil Gewinn oder Verlust gleichgültig ist.

Wenn Sie in dieses Bewusstsein der Gleichgültigkeit kommen, regt Sie nichts mehr auf; Sie sind kein Spielball Ihrer Emotionen, kein Opfer Ihres Verstandes (und seiner Vorurteile und Fehleinschätzungen), sondern leben in einer wundervollen Stimmigkeit, genießen das Leben als Spiel. Das ist Glück.

Fällt Ihnen diese Einstellung einmal schwer, weil z. B. Ihr Häuschen abgebrannt ist, die Versicherung nicht bezahlt oder weil irgendetwas sehr Ärgerliches passiert, denken Sie einen Moment daran: Sie sind nackt gekommen und alles, was Sie jetzt Ihren Besitz nennen, sind Spielsachen, die Sie vom Leben bekommen haben. Sie werden nichts davon mit nach Hause nehmen wollen. Alles bleibt hier. Wenn Sie gehen, kommt alles in die Spielzeugkiste zurück.

Sollten Sie es sich leisten können, dann leben Sie erstklassig. Reisen Sie erster Klasse (Ihre Erben tun es nämlich bestimmt) – und tun Sie es jetzt schon! Leben Sie einfach ein erstklassiges Leben! Und gestatten Sie niemandem mehr (keinem Menschen, keinem Umstand, keiner Tatsache, keiner Realität), Ihre Laune zu bestimmen, Ihnen die gute Laune zu verderben, Sie zu Aggressionen zu treiben oder auch nur Sie dazu zu veranlassen, sich zu ärgern. Sondern sehen Sie nur: Aha, das stimmt so noch nicht, das wird jetzt anders gestaltet.

Alle scheinbaren Misserfolge sind nur noch Zwischenschritte auf dem Weg zum endgültigen Erfolg. Ob das jetzt einen Schritt braucht oder mehrere, spielt keine Rolle. Sie wissen, was am Ende steht. Zwischenergebnisse sind Zwischenergebnisse, bis es so ist, wie es sein soll. Am Ende steht immer der Erfolg, und Sie haben das, was Sie wollten – ohne sich zu ärgern, ohne zu kämpfen, ohne in Stress zu geraten.

Ein Leben ohne Stress

Wenn Sie doch noch einmal in Stress geraten, heißt das nur, dass die Zeit, die Sie dafür vorgesehen haben, nicht ausreicht. Gehen Sie dann in das Bewusstsein eines Naturmenschen, der keinen Stress kennt. „Papalangi“ ist das Tagebuch eines Tonga-Häuptlings, der etwa 1911 in die Welt der Weißen kam und dort für sein Volk beschreibt, was er in der Welt der Weißen Besonderes fand.

Was mich an diesen Beschreibungen am meisten beeindruckt hat, war seine Einstellung zur Zeit: Der Papalangi (das sind nämlich wir, die Weißen) jammert immer, wenn eine Stunde vorbei ist, obwohl doch sofort eine neue beginnt! Der Tonga-Häuptling kann einfach nicht begreifen, wo das Problem ist!

Sehen wir einmal mit den Augen dieses Tonga-Häuptlings, dann müssen wir fragen: Ja, was soll das eigentlich? Stellen Sie sich vor, Sie hätten eine Geldbörse, und immer, wenn Sie 1.000 Mark herausnehmen, wachsen darin 1.000 neue Mark nach. Sie brauchen nie mehr als 1.000 Mark, und es spielt ja keine Rolle, denn Sie nehmen immer Neues heraus.

Genauso verhält es sich doch mit der Zeit! Wenn ein Abschnitt vorbei ist, beginnt nahtlos ein neuer. Es gibt keine Pause dazwischen, wo gerade keine Zeit ist. Wenn Sie einmal meinen, Sie hätten keine Zeit, denken Sie bitte darüber nach: Sie hatten genau wie jeder andere 24 Stunden am Tag. Nichts ist so gerecht verteilt wie die Zeit. Sorgen Sie dafür, dass Sie sinnvoll damit umgehen, dass Sie etwas damit machen. Und wenn Sie glauben, in einem gegebenen Zeitraum viel erledigen zu müssen, dann machen Sie erst recht langsam! Denn wenn wir im Stress hektisch werden, machen wir so viele Fehler, dass die Korrektur mehr Zeit in Anspruch nimmt, als wenn wir in aller Ruhe alles gleich richtig getan hätten.

Auch das ist ein Geheimnis der Intuition. Es scheint in der heutigen Zeit alles schneller zu gehen. Schnelligkeit wird zu einer Qualität. Intuition ist die einzige Chance, dieses Tempo mitzuhalten! Ein intuitiv handelnder Mensch ist ruhig und gelassen, doch viel effektiver und effizienter als die Hektik- und Panikmacher!

Diese Gelassenheit in der Zeit ist Voraussetzung wie Ergebnis der Intuition. Immer wenn Sie sich ärgern, aggressiv, beleidigt oder gekränkt sind, befinden Sie sich im *Ego* (in der Person) und abgeschnitten von der Intuition. Und deshalb erreicht Intuition uns so selten, weil sie uns nicht erreichen kann, während wir denken.

Vielleicht sagen Sie jetzt: „Ich kann ja nicht aufhören zu denken!" Doch, das können Sie, und es geschieht immer wieder, öfter, als Sie denken! Es passiert ganz kurz nach jedem Atemzug – wir merken es nicht, weil es wirklich ganz kurz ist. Wenn Sie ausgeatmet haben, kommen Sie in eine Pause – einen Moment ist Gedankenstille – und dann geht es weiter. In diesem Zeitpunkt ist immer Gedankenstille! Wenn Sie sich das bewusst machen, dann haben Sie dort schon ein Tor zur Intuition, auch aus der Perspektive des Ego, des Verstandes.

Eine andere Situation: Sie sind ganz verzweifelt und befinden sich in einer schwierigen Situation. Sie suchen eine Lösung, finden aber keine. Ihr Verstand gibt auf, und Sie sagen sich: Es hat keinen Sinn, ich finde keine Lösung. Genau in diesem Augenblick ist die Leitung frei. In diesem Augenblick kann Intuition Sie erreichen. Intuition geschieht zwar die ganze Zeit, nur ist bei Ihnen ständig besetzt. Dauernd denkt Ihr Verstand und belegt die Leitung; wenn er aufgibt, ist die Leitung wieder frei.

Wir können diesen Zustand der Gedankenstille auch ganz bewusst herbeiführen. Trainieren Sie es mit der nächsten Übung. Versuchen Sie, oben aus Ihrem Gehirn herauszugehen. Denken findet meist unten im Kinderzimmer statt. Hier oben über Ihrem Kopf ist Gedankenstille. Doch Sie können diesen Raum jetzt betreten!

Übung 2
Gezielt intuitieren

Sie können jederzeit aus Ihrem Kopf rausgehen, denn Sie enden nicht am Kopf oder allgemeiner an der Haut, die uns einzuschließen scheint; das gilt nur für unseren physischen Körper. Wir sind aber mehr als der physische Körper. Denken sie nur an die Aura, das Energiefeld, welches uns umgibt. Und Sie können diese Aura bewusst bewohnbar machen und in sie eintreten, sie ausfüllen.

Bitte vollziehen Sie diese Übung jetzt. Öffnen Sie energetisch oben an Ihrem Scheitel Ihr Kronenchakra und lassen einfach Ihren Energiekörper, Ihr Energiefeld (oder wie Sie es nennen mögen) über Ihren physischen Körper hinauswachsen. Begeben Sie sich wieder in diesen Raum oberhalb Ihres Kopfes, und es ist still. Sie sind in der Gedankenstimme und in der Wahrnehmung. Dort ist die Leitung dauernd frei, jede Intuition kann Sie erreichen. In diesem Bewusstsein könnten Sie jetzt sogar gezielt intuitieren, das heißt, Sie könnten eine Frage ins Bewusstsein nehmen (eine Lebenssituation, einen Aspekt) und sich bewusst etwas einfallen lassen.

Gehen Sie jetzt diesen Schritt weiter! Sie wachsen über sich hinaus, bleiben in diesem erweiterten Raum über dem Kopf und richten Ihr Bewusstsein auf eine Situation, eine Aufgabe. Stellen Sie sich dazu eine Frage: Soll ich ...? Schalten Sie bei der Antwort nicht den Verstand ein (und gehen hinunter ins Kinderzimmer), sondern lassen Sie die Antwort urteilsfrei geschehen. Sie halten nur Ihr Bewusstsein auf diese Situation gerichtet und beobachten, was Ihnen dazu einfällt, ihnen zufällt.

Noch einmal, weil es eine übergroße Falle ist: Es funktioniert nicht, wenn Sie anfangen nachzudenken, z. B.: „Jetzt bin ich mal gespannt, was da kommt" (schon sind Sie wieder im Verstand). Nein, Sie bleiben einfach in der Wahrnehmung, urteilen nicht, erwarten nichts, sondern nehmen nur wahr, was passiert.
Stellen Sie sich auch nicht unter einen Erwartungsdruck („Ich bin einmal gespannt, ob es gleich beim ersten Mal klappt!"), denn sonst sind Sie schon wieder im Verstand, im Ego.
Nein, Sie gehen raus, öffnen sich, schauen auf etwas. Im gleichen Augenblick spüren Sie die Energie, die Sie erreicht. Vielleicht können Sie diese Energie noch nicht gleich übersetzen und die Bedeutung erfassen. Versuchen Sie es jetzt noch nicht verkrampft. Erleben Sie jetzt einfach nur, wie etwas ständig energetisch fließt, wenn Sie in der Wahrnehmung sind.
Haben Sie anfangs Geduld mit sich. Sie brauchen etwa fünf bis zehn Minuten um zu erkennen, dass Sie immer noch im Verstand sind, zumindest mit einem Bein, und damit denken: „Hoffentlich ... mal schauen, ob ich meinen intuitiven Einfall erkenne und verstehe?" Aber der Verstand wird irgendwann müde und zieht sich zurück. Wenn er drei oder fünf Minuten neugierig ist und nichts passiert, dann sagt er, „Den Film kenne ich, der interessiert mich nicht".
Das ist das erste wichtige Problem beim Wiederaneignen der Intuition: Die Menschen sind zu ungeduldig. Sie versuchen es nur 10 bis 20 Sekunden lang, was viel zu kurz ist.
In schwierigen Situationen, bei größeren Fragen, lassen Sie sich bitte mindestens eine Stunde Zeit. Sie ziehen sich zurück, erinnern sich, wer Sie sind, wachsen über sich hinaus, werden weit, das ganze Universum ist mein Bewusstsein. Betrachten Sie dieses Sitzen in der Stille einfach als eine Meditationsübung.

Es ist gut so, auch wenn Sie keinen Einfall haben werden. Sobald Sie nichts mehr erreichen wollen, erreicht Sie die Intuition! (Das gehört zum Paradox des Lebens.)
Sie richten Ihr Bewusstsein auf eine Frage, z. B.: „Soll ich diesen Mann mit in die Firma nehmen?" Wiederholen Sie dabei nicht die Argumente des Verstandes (der ist mir an sich sympathisch, der hat auch fachlich ... usw.), sondern nur die Frage: Soll ich?
Dann warten Sie ab, was geschieht. Anfangs wird der Verstand zum Hindernis. („Was wartest du denn?" „Ich kann dir das alles sagen", „Der ist der Richtige"), aber nach etwa zehn Minuten beginnt Ihr Verstand, der Sie vorher behindert hat, behilflich zu werden. Er schwingt sich mit ein. Er denkt nicht mehr nach. Ihr Verstand schaut mit hin. Die Wahrnehmung Ihres Bewusstseins verbindet sich mit der Wahrnehmung Ihres Verstandes. Und *Jetzt, Jetzt* plötzlich kommt es zu Einfällen. Sie haben einen Einfall zu einem Aspekt der Sache, erkennen etwas anderes, haben eine Idee zur Lösung. Dann passiert wieder eine Weile nichts, doch wie beim Puzzle bildet sich allmählich ein Bild. Spätestens in der zweiten Stunde wissen Sie, was richtig ist.
So beginnt in der Regel das Training zur Intuition. Wenn Sie das zwei bis drei Jahre machen, dann schalten Sie gar nicht mehr auf Intuition. Sie sind im Gespräch mit jemandem, und die Intuition läuft laufend mit.
Ihr Gegenüber sagt zum Beispiel: „Ich schlage vor, dass wir diesen Teil der Firmen fusionieren", (Ihre Intuition reagiert: *„Falsch, im Prinzip ja, aber der Zeitpunkt ist völlig unzureichend, weil ...")* und fährt fort: „Ich schlage also vor, dass wir da ein Vierstufen-Programm machen, erstens ..." *(„Okay", sagt die Intuition, „das ja. Aber im Herbst").*

Während Ihr Gesprächspartner immer weiter spricht, läuft Ihre Intuition als der innere Beobachter und Kommentator mit und sagt Ihnen, was für Sie stimmt. Der andere ist noch nicht mit seinem Vortrag fertig, da haben Sie schon das Ergebnis für sich.
Mit anderen Worten: Mit der Zeit und dem Fortschritt Ihrer Übungen werden Sie nicht erst eine meditative Übung machen müssen um in die Wahrnehmung zu gehen. Sie bleiben einfach in der Wahrnehmung, bleiben bei Bewusstsein, leben *angekommen*. Dann wird Ihr ganzes Leben zu einem meditativen Zustand.
Noch eine Erläuterung zum tieferen Verständnis der Übung. Wenn Sie aus dem *Ego*, dem *Ich* über sich hinauswachsen, könnte es so erscheinen, als ob Sie auf Zehenspitzen stehen und schauen, wie die Aussicht ist, und dann sinken Sie wieder zurück, weil man auf den Zehenspitzen nicht lange stehen kann.
Ein *Ich* kann eine kurze Zeit über sich hinauswachsen, doch dann müssen Sie als *Ich* wieder zurück (von den Zehenspitzen auf die Sohle sozusagen). Wenn Sie jedoch *Selbst* sind und bleiben, ist das Ihre natürliche Größe (und dann bleiben Sie draußen). Sie ziehen sich natürlich nicht aus dem Körper zurück, Sie bleiben auch im Körper, aber Sie sind größer als Ihr Körper; Sie bewohnen Ihr ganzes Energiefeld, haben auch von subtileren Bereichen Ihres Körpers Besitz ergriffen. Sie befinden sich außerhalb Ihres physischen Körpers und erkennen: Ich bin nicht im Körper, nicht mit ihm identisch. Ich habe vielleicht Inkarnationen lang gedacht, ich bin im Körper, habe mich nur und ausschließlich im Körper erlebt. Die Wirklichkeit ist: Der Körper ist in mir. Ich bin größer als mein physischer Körper, ich bin weiter als der Körper. Ich bin nicht ein Teil des Körpers, der Körper ist ein Teil von mir. Dies könnte jetzt eine regelrechte Erleuchtung für Sie sein – eine Offenbarung, wer Sie wirklich sind.

Mit dieser Erkenntnis lebe ich noch bewusster in meinem Körper, doch mein Erlebniszentrum ist oben außerhalb des Körpers, über dem Kopf. Von dort lebe ich, außerhalb der unmittelbaren Situation, oberhalb des Denkens, und lasse mich nicht wieder in die Situation/ die Umstände ziehen – ich bleibe souverän.

Zu Bewusstsein kommen

Sehen wir uns diesen Zustand noch etwas genauer an. Es gibt also viele Wege, um in dieses Bewusstsein zu kommen, denn es ist unser natürlicher Zustand! Einen Weg haben Sie gerade beschritten, Ihren Geist zu befreien und zu erweitern. Gute Musik kann Ihnen helfen, aber auch Meditation, ein Sonnenaufgang oder -untergang, Wandern oder Joggen. Finden Sie heraus, was Ihnen hilft, in dieses Bewusstsein zu kommen, in diesem Bewusstsein zu bleiben, und schaffen Sie die Umstände, so oft Sie können.

Nutzen Sie alle Möglichkeiten, den lärmenden Verstand zum Schweigen zu bringen. Das ist mühsam, wenn Sie im Verstand sind und mit den Gedanken („abschalten!"), die Gedanken bekämpfen wollen. Wenn Sie oben im Bewusstsein sind, lassen Sie die Kinder doch unten spielen! Der Verstand kann doch denken, was er mag! Nur identifizieren Sie sich nicht mit Ihrem Verstand und Ihrem Denken.

Sind Sie in der Wahrnehmung, dann gibt es nichts zu kämpfen, keine Mühe – *Sie Sind.* Und in dieser Stille öffnet sich eine ganz neue Welt – Sie verlieren scheinbar Ihre Individualität, Ihre Eigenschaften, Ihre Einzigartigkeit. In Wirklichkeit entfalten Sie sich jedoch! Sie begegnen sich – dem, der Sie wirklich sind. Wenn Sie sich in diesem Bewusstsein befinden, dann haben Sie irgendwo einen Körper, aber Sie spüren ihn nicht. Vielleicht sind da irgendwo Fragen oder sogar Sorgen, doch die beunruhigen Sie nicht, werfen Sie nicht mehr aus der Bahn.

Ein wundervolles Wohlgefühl erfüllt Sie, und ein Wunder geschieht: Sie treten ein in den Augenblick. Der Augenblick ist wie eine Tür raus aus der Zeit. Sie gehen durch die Tür des Augenblicks in die Zeitlosigkeit. Zeit steht plötzlich still, spielt keine Rolle mehr, *ist* oder *ist nicht*. Und ganz plötzlich in dieser Stille und Zeitlosigkeit nehmen Sie alles wahr, was für Sie wichtig ist.

Plötzlich erfassen Sie die Wirklichkeit wie jemand, der die Augen geschlossen hatte und sie wieder öffnet und sieht. Er erkennt: „Ich war die ganze Zeit blind. Nein, ich konnte die ganze Zeit sehen, ich hatte die Augen nur geschlossen!" Plötzlich ist es ganz selbstverständlich, wenn Sie erkennen, dass das Ihr natürlicher Zustand ist.

Intuition ist eine ganz natürliche Fähigkeit wie Emotionen oder Denken. Emotionen sind die Sprache unseres Körpers, Verstand die Sprache unseres Geistes und Intuition die Sprache unserer Seele. Mit der Seele in Kontakt zu sein, mit ihr zu kommunizieren, heißt die Intuition zu nutzen.

Sie haben nur auf diese subtilste Ebene ihres Selbst nicht gehört, weil Sie sich zu sehr in den Räumen der Gefühle und des Denkens aufgehalten haben. Intuition konnte Sie nicht erreichen; jetzt brauchen Sie sich nur zu *„er-innern"*. So wie Sie sich nur zu erinnern brauchen, dass Sie eine Seele haben (die Seele, die Quelle Ihres Lebens ist). Auch die Seele ist unsterblich und zeitlos. Wir begeben uns in ihre Sphäre, ihren Raum.

Es gibt im Bewusstsein (in der Wahrnehmung) eigentlich nichts zu lernen, zu üben, loszulassen. Sie treten hervor und sind wieder der, der Sie immer waren: Bewusstsein, *Ich Bin*.

Wenn Sie also durch das Tor des Augenblicks in die Zeitlosigkeit eintreten, steht Ihnen Intuition sofort und jederzeit zur Verfügung.

Sie wissen jetzt einen Weg. Und jetzt sollten Sie so oft wie möglich in diesem Bewusstsein sein (am besten für immer) – Sie lernen mit der Intuition, die Sie ständig erreicht, umzugehen, und Sie lernen, sie zu verstehen.

Durch die wahrnehmende Intuition können wir 100 Prozent Wirklichkeit erfassen. Ganz gleich, ob sie in der Vergangenheit liegt oder erst in Zukunft geschieht.

Viele Dichter haben zum Beispiel erlebt, dass Ihnen die letzten Verse eines Gedichtes zuerst eingefallen sind, als Sie den Anfang noch gar nicht hatten. Oder Komponisten, bei denen Bruchstücke einer Musik in ihnen lebendig wurden, und sie warteten, bis sie sich ihnen zu einem Stück zusammenfügte. Das heißt, die Teile eines Kunstwerkes kommen nicht in einer Reihenfolge. Das, was Ihnen besonders wichtig ist, kann zuerst ins Bewusstsein treten. Aber es ist so, als ob das Ganze schon längst existiere: der Dichter das Gedicht nur abschreibt, der Maler das Gemälde nur abmalt, der Komponist das Musikstück nur nachkomponiert. Man erinnert sich also an etwas, das in einer anderen Sphäre schon existiert! Denn in der Zeitlosigkeit gibt es kein vorher und nachher.

Ihnen können also Dinge einfallen, die erst noch in Zukunft passieren werden – und das können Sie ganz gezielt tun. Ich nenne das: „Erinnerung an die Zukunft". Sie können sich ganz bewusst über die Intuition an das erinnern, was zu einem ganz bestimmten Zeitpunkt sein wird.

Es gibt eine Stelle im Körper, die die Chinesen das Tor zum Himmel nennen. Es ist die Stelle, an der sich das zentrale Nervensystem mit dem Gehirn verbindet. Dieses Tor zu einem höheren Bewusstsein spielt in den alten Mysterienschulen bei den Rosenkreuzern oder bei den Sufis eine ganz große Rolle. Dieses Tor kann bewusst geöffnet werden. Die Sufis sagen, wer hindurchgehe, der erkenne die Geheimnisse des Lebens unmittelbar.

Übung 3: Ganzheitlich atmen und denken

Lassen Sie uns jetzt einen anderen Weg beschreiten, der zum Bewusstsein, in die intuitive Wahrnehmung führt. Sie werden bei der Erprobung der verschiedenen Übungen auch feststellen, dass Ihnen der eine Weg mehr liegt als der andere, dass Sie mit dieser Übung schneller in den intuitiven Zustand kommen und länger in ihm verweilen können.

Ganzheitlich atmen

Versuchen Sie doch einmal nur mit dem linken Lungenflügel zu atmen!
Meistens kommt der Verstand jetzt wieder und fragt: Wie macht man das? Probieren Sie es aus! Atmen Sie einmal nur nach links – Sie werden sehen, das geht!
Sie können erkennen, wie weit Sie es beherrschen, wenn der Körper dabei eine leichte Drehbewegung macht. Und Sie werden schnell merken, dass Sie vorwiegend in den linken Lungenflügel atmen können! (Vielleicht zum ersten Mal in Ihrem Leben, aber jeder kann das sofort.)
Jetzt atmen Sie einmal ganz tief dort hinein, damit Sie sich daran gewöhnen. Sie sehen, es funktioniert, auch wenn Ihr Verstand zunächst skeptisch war!
Nun folgt das Atmen mit dem rechten Lungenflügel: Probieren Sie es jetzt sofort – ruhig ganz tief, damit Sie spüren, dass es geschieht.
Und jetzt atmen Sie einmal senkrecht in die Tiefe, ruhig mit beiden Lungenflügeln (Ihr Zwerchfell geht sowieso runter), energetisch atmen Sie bis an die Körpergrenze ganz in die Tiefe.
Wenn Sie den untersten Punkt erreicht haben, überschreiten Sie ihn. Gehen Sie über den Körper hinaus, atmen Sie tiefer als Ihr Körper reicht!

Das funktioniert natürlich nicht wirklich im physikalischen Sinne, aber es geht energetisch, denn Ihr Atem ist Energie. Es geschieht in Ihrem Bewusstseinskörper, in Ihrem Energiefeld. Sie kommen in die Tiefe.
Spüren Sie einmal, was mit Ihrem Bewusstsein geschieht, während Sie in die Tiefe atmen: Sie bekommen eine Mitte, eine Souveränität; Sie fangen an, über den Dingen zu stehen (die Dinge sind genau wie vorher, nur haben sie nicht mehr das Gewicht, spielen keine Rolle mehr). Sie *sind* – das ist wichtig.
Dann atmen Sie einmal über sich hinaus – nach oben, einige Zentimeter über Ihren Kopf. Atmen Sie dort hinein und heraus (über Ihren Kopf atmen Sie ein in den ganzen Körper, in die Tiefe, und in die Weite aus).
Sie spüren: Wo (in welchem Chakra) Sie am liebsten einatmen würden. Welche Stelle favorisieren Sie? Wo liegt Ihr energetisches Atemzentrum (keines ist besser oder höher als das andere!)? Jetzt atmen Sie energetisch ein, wo Ihr Atemzentrum liegt; Sie atmen dort über den Körper hinaus gleichzeitig in alle Richtungen.
Und wieder nehmen Sie wahr, was mit Ihrem Bewusstsein dabei geschieht. Sie kommen in ein Gefühl der Leichtigkeit, der Weite.

Ganzheitlich denken

Jetzt wollen wir dasselbe mit dem Denken üben. Nehmen Sie einen beliebigen Gedanken in Ihr Bewusstsein – z. B. „Herrliches Wetter heute".
Links denken können Sie schon! Denken Sie jetzt doch einmal nur rechts! Ganz gleich, was Sie denken, aber denken Sie es mit der rechten Gehirnhälfte!

Wenn Sie ganz in den rechts gedachten Gedanken hineingehen, werden Sie erkennen, dass die rechte Gehirnhälfte einen größeren Raum öffnet als Ihr Gehirn überhaupt zulässt: Sie denken weit über den Körper hinaus. Denken Sie einmal rechts so weit wie Sie können, und lassen den Raum ganz weit werden.
Nun öffnen Sie eine Verbindung zwischen den beiden Gehirnhälften; Sie denken einmal bewusst rechts und links gleichzeitig das Gleiche. Ihr Denken bekommt somit eine ganz neue Qualität! Denken Sie über Ihren Kopf hinaus: holistisch. Und lassen Sie die Verbindung zwischen beiden Hälften offen. Damit verbinden sich beide Hälften zu einem Ganzen – Sie denken ganzheitlich. Die Dinge sehen plötzlich ganz anders aus, wenn Sie so denken.
Bildlich ausgedrückt: Stellen Sie sich vor, Ihr Gehirn ist ein Observatorium. Die beiden Hälften schwingen ganz langsam, majestätisch auf und ab, und das ganze Universum ist Ihr Bewusstsein – Sie sind offen für Intuition.
Bleiben Sie einmal so lange wie möglich ganz offen. Sie gehen einfach intuitiv durch den Tag (vielleicht nur durch die nächsten zwei Minuten oder zwei Stunden). Wichtig wäre es, dass Sie heute Abend in diesem Bewusstsein einschlafen. Dass Sie, wenn Sie im Bett liegen, alles öffnen und in dieses Bewusstsein gehen, in diesem Bewusstsein einschlafen und morgen früh keinen Fuß vor das Bett setzen, bevor Sie wieder in diesem Bewusstsein sind (und natürlich in diesem Bewusstsein auch mindestens bis zum Frühstück bleiben).

Stimmig leben

Wir beschäftigen uns jetzt mit einer weiteren wesentlichen Störquelle für Intuition, einer Schwingung, die Ihre Intuition negativ überlagert. Diese Schwingung heißt selbstvergessen (ich möchte dieses Wort in seiner ganzen Tiefe betonen!), dienen, helfen, für andere da sein. Im Dienst am anderen sich selbst zu vergessen ist weder gut für Sie noch für den anderen und stört die Intuition.

Prüfen wir einmal ganz konkret: Wo glauben Sie den Wünschen und Erwartungen anderer nachgeben zu müssen, weil ... Wo haben Sie in Ihrem Leben ein Hindernis oder eine Grenze, die Sie gerne entfernen würden, aber es geht nicht, weil ...

Um die Dramatik dieses Themas zu verdeutlichen, erzähle ich Ihnen eine kleine Geschichte:

Eine Krankenschwester kam vor vielen Jahren als Patientin zu mir mit einer Trigeminusneuralgie (Nervenschmerzen im Gesichtsbereich). Sie hatte fürchterliche Schmerzen, so dass sie schon an Selbstmord dachte und klagte: „Ich weiß nicht mehr weiter!"

Ich sagte ihr, dass etwas in ihrem Leben sein müsse, das sie nicht anzuschauen bereit sei, mit dem sie sich nicht konfrontieren wolle und das ihr schmerzhaft vor Augen geführt würde.

Was das sein könnte, wusste sie nicht gleich. Und dann stellte sie eine Vermutung an (Sie sehen, sie ahnte intuitiv ihr Problem!): „Also, ich bin glücklich verheiratet, wir haben zwei Kinder und ich habe einen fantastischen Mann. Alles könnte wunderschön sein, wir sind gesund ... Mein 80-jähriger Vater lebt bei uns. Mein Mann hat ihm das Dachgeschoss ausgebaut. Er hat es herrlich und bekommt alles. Das Problem ist, Vater war immer autoritär. *Er* bestimmt unser Leben.

Er sagt, wann die Kinder die Aufgaben machen müssen, wohin wir in Urlaub fahren – nämlich immer zu Tante Emma in den Schwarzwald, Jahr für Jahr seit 20 Jahren – usw., usw. Und vor allen Dingen kommt er dann morgens runter und fragt, was es denn zu essen gäbe. Sage ich zum Beispiel, dass es Bratkartoffeln, Spinat und Spiegelei gibt, wird er sich Nudelauflauf wünschen. Also mache ich Nudelauflauf! Was soll ich da tun? Mein Vater ist 80 Jahre alt geworden, den kann ich ja jetzt nicht mehr ändern!"

Dieser letzte Satz war ihre Tür, die sie für die Lösung zugeschlagen hat: nichts machen, Augen zu und durch.

Mein Rat lautete: „Wenn Sie gesund werden wollen – und sonst bin ich nicht der richtige Therapeut für Sie –, dann gibt es jetzt nur eine Möglichkeit: Wenn Ihr Vater Sie wieder danach fragt, was es zu essen gibt, dann sagen Sie genau das, was Sie gerne kochen möchten. Will er etwas anderes, dann erklären Sie ihm: Vielleicht in den nächsten Tagen, heute gibt es *das* und nichts anderes."

Sie sah mich völlig entgeistert an und es schoss aus ihr heraus: „Um Gottes willen, das kann ich doch nicht machen! Sie wissen nicht, wie mein Vater dann reagiert! Der geht beleidigt auf sein Zimmer und spricht nicht mit uns." Ich gab ihr zur Antwort: „Ach, das werden Sie überleben!" – „Das meinen Sie wohl ernst!" – „Ja, ich meine das ganz ernst! Das ist Ihre Therapie!"

Die Patientin hörte doch auf meinen Rat und rief mich später ganz geknickt an: „Herr Tepperwein, es ist genauso abgelaufen, wie ich Ihnen sagte. Mein Vater kam herunter, hat gefragt und ich habe ihm gesagt, was mein Essensplan ist. Er wollte erwartungsgemäß etwas anderes, und ich habe gesagt: Nein, vielleicht in den nächsten

Tagen, heute gibt es *das*. Er ist wortlos auf's Zimmer gegangen, er hat kein Wort gesprochen. Als ich ihn zum Mittagessen rief, ist er nicht gekommen. Ich habe ihm das Essen vor das Zimmer gestellt, geklopft und habe einen Zettel unter der Tür durchgeschoben – nichts. Das Essen blieb unberührt. Was soll ich machen?"

Ich antwortete ihr: „Das ist eine der Aufgaben, die besonders Freude macht. Sie brauchen nämlich gar nichts zu machen! Die Lösung besteht darin, dass Sie auf keinen Fall etwas machen." – „Ja, aber ich kann ihn doch nicht verhungern lassen!" – „Es ist noch nie jemand vor vollen Tellern verhungert."

Abends wiederholte sich der Ablauf. Sie stellte frisches Essen hin, klopfte, schob einen Zettel unter der Tür durch – Vater antwortete nicht, Essen blieb unberührt. Am nächsten Morgen rief sie mich wieder an. Ich sage ihr: „Sie brauchen nicht anrufen, meine Antwort ist immer die gleiche: Weitermachen!"

Nach einer Woche rief sie mich dann wieder an: „Jetzt isst er wenigstens, aber er hat sich noch nicht sehen lassen. Er lässt wie eine Katze immer Protesthäufchen auf dem Teller; also er isst nicht auf, er nascht nur und sagt: Nur zum Überleben, aber mehr nehme ich nicht." Meine Patientin wollte wissen: „Wie lange wollen wir das durchhalten?" Ich antworte: „Ich weiß nicht, wie lange Ihr Vater das durchhält, Sie müssen jedenfalls einen Tag länger durchhalten als er." Sie hat es gemacht, obwohl ihr Vater sehr hartnäckig war. Drei Wochen ließ er sich nicht mehr sehen, und dann rief sie mich an: „Herr Tepperwein, ein Wunder. Ich kann es nicht glauben, aber es ist gerade passiert. Vater kam runter, als wäre nichts geschehen, und sagte: ‚Anne, was gibt es denn heute so zu essen?' Ich sage: ‚Heute gibt es Bratkartoffeln mit Speck und Zwiebeln.' ‚Oh fein', sagt er. Ich denke, ich höre nicht richtig! Und dann nutze ich gleich die Gunst der Stunde und sage: ‚Dieses Jahr fahren wir nach Italien in Urlaub!' – ‚Ach', sagt er, ‚mal etwas anderes! Lerne ich das auch einmal kennen.' Wie ein neuer Mensch, Herr Tepperwein!"

Das Problem war nicht mehr existent – und das Schönste: Ihre Trigeminusneuralgie ist nicht mehr wiedergekommen.

Ich will damit sagen: Wir werden manchmal sehr hartnäckig vom Leben geprüft.

Wenn Sie Ihr Leben leben (und die anderen ihr Leben leben lassen), werden Sie sehr schnell mit einem unangenehmen Etikett versehen: egoistisch, du warst doch immer so ein guter Mensch, wie kannst du auf einmal so rücksichtslos sein ... Und dann kommt man in Versuchung, wieder der „gute Mensch" zu sein, der selbstvergessen sich nur nach den Interessen der anderen richtet. Sie werden wieder ein guter Mensch und fühlen sich vielleicht sogar wohl, wenn Sie morgens in den Spiegel schauen, nur: Es stimmt nicht – und Sie spüren das!

Es tauchen unerklärliche Krankheiten auf, und man merkt: Irgendetwas mache ich falsch, aber was nur?! Jede Krankheit ist dafür da, Sie wieder an sich selbst zu erinnern. Die Lösung wäre, dass Sie sich frei machen. „Bin ich *gut* oder *schlecht*"? Denn diesen Maßstab gibt es in Wirklichkeit nicht! Es gibt nur *stimmt* oder *stimmt nicht*. Ein anderer Maßstab ist nicht existent.

Das *Stimmt* müsste man noch präzisieren: Stimmt für mich und stimmt für mich jetzt (denn das kann sich auch ändern!). Was gestern gestimmt hat, das muss heute nicht mehr stimmen. Ich muss also jeweils in diesem Augenblick prüfen, was für mich gilt. Und plötzlich bin ich von einem Augenblick zum anderen in Harmonie mit dem Leben. Ich fühle ich mich wieder wohl in meinem Leben, fühle mich wohl in mir.

Letztlich erkenne ich (wenn ich diesen Scheinmaßstab von Moral und Tugend über Bord geworfen habe und mein Leben lebe), dass ich meine wahre Würde lebe, dass ich wieder Achtung vor mir selbst haben kann, dass ich mich nicht dem Druck der anderen und den Vorstellungen und Erwartungen anderer beuge, sondern dass ich das tue, was für mich stimmt.

Ganz egal, ob die anderen *Hurra* schreien oder mit faulen Eiern nach mir werfen: Ich gehe meinen Weg. Ich brauche keine Zustimmung von den anderen, ich bin autark – ich tue, was stimmt. Und wenn ein anderer das gut findet, ist das wunderbar, findet er es nicht gut, ist es sein Problem! Es ist nicht sein Leben, denn – und das ist entscheidend! – ich trage die Folgen für alles, was ich tue, und niemand anderes. Also muss ich auch die richtigen Ursachen schaffen, um mein Leben zu leben.

Manche Menschen glauben, dass sie sich gegen die Interessen anderer durchsetzen müssen, und verschwenden dafür viel Kraft. Doch Sie brauchen Ihren Standpunkt nie durchzusetzen! Der andere trägt irgendeinen Wunsch, eine Erwartung, heran, und Sie setzen zwei, drei Muskeln ganz leicht in Bewegung: Sie schütteln einfach Ihren Kopf. Ja, und damit ist dieses Problem gelöst!

Jemand trägt eine unzumutbare Erwartung an Sie heran: *Nein!* Und damit ist der Kampf schon zu Ende, er hat gar nicht stattgefunden! Es ist erledigt!

Sie sagen einfach: „Du willst etwas von mir. Ich muss prüfen, ob das in mein Leben gehört – und es gehört nicht hinein! Also brauchen wir darüber nicht zu diskutieren. Ich sage meine Antwort ganz kurz: *Nein!*“

Der Kampf findet nicht statt, es kostet Sie keine Kraft, es gibt keine Auseinandersetzung – ein einziges Wort genügt.

Dieses Kopfschütteln löst viele Probleme bzw. lässt sie gar nicht erst aufkommen! Also, wo bedarf es da der Kraft?! Ich brauche nur erst einmal die Kraft, mir bewusst zu machen: Das, was ich hier lebe, ist mein Leben! Jede Entscheidung, die ich treffe, muss ich verantworten, denn ich trage die Folgen, nicht der andere. *Ich trage die Folgen!* Also möchte ich wenigstens auch die Ursachen bewusst schaffen – und das sollten wir tun!

Dafür benötigt man anfangs vielleicht ein bisschen *Mut,* aber es ist *Ihr Leben!* Sie lassen sich doch auch beim Autofahren nicht dauernd sagen, wie Sie zu fahren haben. Sie sollten Ihr Auto steuern, Sie sollten Ihr Leben führen, denn Sie tragen die Folgen.

Die Leichtigkeit des Seins

Zugegeben, es kommt sehr oft vor, dass mir jemand sagt: „Also, Herr Tepperwein, Sie machen es sich da wirklich etwas leicht!" Meine Antwort ist immer dieselbe: „*Halt!* Ganz genau, das haben Sie sehr fein beobachtet! Genau das tue ich und ich bitte Sie, machen Sie das doch auch! Machen Sie es sich doch genauso leicht! Glauben Sie denn, es sei verdienstvoller, es sich schwer zu machen?"

Sie bekommen dafür vom lieben Gott keinen Orden! Eher ist das Gegenteil der Fall: Sie kommen in den Himmel, und Petrus schlägt in dem dicken Buch nach: „Ach, du bist das, der es sich im Leben so schwer gemacht hat! Nein, das war wohl noch nichts, da musst du noch ein bisschen üben: Da fehlt nämlich die Lektion *Die Leichtigkeit des Seins*. Also noch eine Runde!" Und dann drehen Sie eine Ehrenrunde! Man könnte auch sagen: Sie sind sitzen geblieben.

Wir alle bleiben zigmal sitzen und bekommen durch ein neues Leben eine neue Chance, bis wir unsere Hausaufgaben kapiert und gemacht haben. Wichtig ist nur, dass wir es irgendwann begreifen.

Stellen Sie sich die Frage: Kann es sinnvoll, verdienstvoll, richtig sein, sich das Leben schwerer zu machen als unbedingt nötig?! Könnte es nicht sein, dass die Leichtigkeit, mit der ich lebe, im Gegenteil ein Maßstab für Richtigkeit und Stimmigkeit meines Lebens ist? Denn in diesem Zustand beseitige ich Reibung und lasse Dinge einfach geschehen, anstatt alles planen und kontrollieren zu wollen, dynamisch vorwärts zu treiben, an mir zu „arbeiten" und Disziplin zu üben, mich straff zu führen, morgens aus dem Bett zu reißen und mich zu zwingen, etwas Unangenehmes zu tun. Sollte solch eine Mühsal der Maßstab für wahres Leben sein? Ist das nicht eine Moral, deren mittelalterlichen Ursprung wir leicht nachvollziehen können?

So mühselig zu leben ist kein verdienstvolles Leben! Irgendwann (spätestens mit 80 Jahren, wenn Sie im Schaukelstuhl sitzen und zum Fenster hinausschauen), sagen Sie sich vielleicht: „Ja, ich habe es mir im Leben wirklich nicht leicht gemacht. Aber warum eigentlich? Was hat es mir gebracht – außer diesem Aufstöhnen!"

Doch dann wäre es ein bisschen spät. Und es ist nicht sicher, ob Sie diese Lektion im nächsten Leben berücksichtigen oder wieder vergessen. Jetzt hätten Sie noch die Chance, sofort in die Leichtigkeit und Stimmigkeit des Lebens zu kommen.

Also, machen Sie sich doch jetzt Gedanken darüber: Wo mache ich es mir im Leben schwer? Was fällt mir im Leben noch schwer? Wo habe ich es in meinem Leben noch schwer?

Übung 4:
Vom *Ego* zum *Selbst*

Die folgende Übung ist ganz einfach. Aber wenn ich „einfach" sage, meine ich nicht leicht! Ich sage nur, es ist ganz einfach und unmittelbar einleuchtend! Und es ist so schwer, wie ich es nehme, nämlich der Schritt vom Ich (oder Ego) zum *Selbst.*

Wo immer Sie das Leben wieder im Ich erwischt, (in der Persönlichkeit, in den Eigenschaften, in der Reaktion), tut es dann mit Problemen, Schwierigkeiten, Krankheiten und Leiden auch weh!

Mit den Erkenntnissen, die ich Ihnen hier vermitteln möchte, geht es nicht mehr darum, Einzelaufgaben zu lösen, Eigenschaften zu verbessern, geduldiger zu werden, Toleranz zu üben, liebevoller zu sein. (Das alles macht das Ego nur netter, freundlicher, umgänglicher). Wir aber wollen über die Ebene der Persönlichkeit hinaus, sie überwinden.

Damit befassen sich alle Therapien, das ist der normale Weg. Aber irgendwann erkennen wir (heute wäre ein geeigneter Zeitpunkt!): All das befasst sich nur mit der Veränderung und Verbesserung meiner Persönlichkeit. Irgendwann kommt die Zeit, diese Eigenschaften wie einen Overall auszuziehen, herauszuschlüpfen und unpersönlich zu leben. Es ist dann einfach an der Zeit, nicht mehr noch eine bessere Persönlichkeit zu entwickeln und noch reibungsloser, lässiger, liebevoller und souveräner mit den Dingen umzugehen, sondern anzufangen zu *Sein*, die Persönlichkeit als Korsett/als Krücke nicht mehr zu brauchen.

Sie sind dann eigenschaftslos, unpersönlich – und das ist Ihre Lektion! Das unpersönliche Leben möge beginnen. In dem Moment, wo es anfängt, kann Ihr Partner Sie nie mehr auf dem falschen Fuß erwischen (er kann Sie überhaupt nicht mehr erwischen, weil da niemand mehr ist, der zu erwischen ist).
Nur eine Person – ein Ich, ein Ego – kann man treffen, verletzen, kränken, enttäuschen, beleidigen, aggressiv oder wütend machen. Legen Sie das Ich/Ego ab, das ist Voraussetzung (Sie haben jetzt die Chance dazu) für optimale Intuition.
Wenn Sie nicht in die unpersönliche Ebene des *Seins* kommen, werden Sie auch intuitive Einfälle haben können (gelegentlich, zwischendurch). Dann müssen Sie meditieren, müssen mühsam Gedankenstille herstellen, das Räderwerk Ihrer Gedanken anhalten, zur Ruhe kommen, in die Mitte gehen (Sie unterstützen das mit Musik, einem Sonnenuntergang, beim Spazierengehen oder Joggen usw.) – und es funktioniert auch manchmal. Aber warum das so mühsam?
Und deswegen schlage ich den anderen Weg vor. Denn wer etwas ändern will, der muss etwas ändern. Also ändern wir es doch gleich jetzt mit unserer nächsten Übung.

Schritt 1: Ich mache mir noch einmal bewusst, was ich *nicht* bin, und gehe einmal die einzelnen Aspekte durch, mit denen ich mich bisher identifiziert habe (also praktisch nachvollziehen, nicht nur denken) erkennen, ich bin nicht der Körper; bewusst erkennen, das bin ich schon einmal nicht (z. B. „mein Auto, mein Werkzeug, mein Fahrzeug, mein Kleid“ usw., egal wie Sie es nennen oder empfinden): Das bin ich nicht! Ich bin nicht mein Körper. Ich bin nicht mein Geschlecht.

Sein ist nicht mehr geschlechtlich, ich erhebe mich über mein Geschlecht. Ich bin nicht der Verstand, ich bin der Denker. Ich bin der, der den Verstand benutzt. Aber ich bin weder der Verstand noch die Gedanken (das Produkt). Ich bin der Denker! Ich bin der, der denkt.
Und so bin ich auch nicht mein Gemüt, meine Emotionen (ich habe welche, kann sie hervorrufen und lenken, aber: Ich bin es nicht.) Ich bin auch nicht das Ego, das oft störend in Erscheinung tritt – also lasse ich es los (ich werte es nicht ab, ich verdränge es nicht; es ist da, aber: Ich bin es nicht). Ich bin auch nicht meine Persönlichkeit, ganz gleich, wie sie entstanden ist.
Ziehen Sie einmal in Gedanken Ihre Persönlichkeit wie einen Overall aus (es ist Ihr Kleid oder gar Verkleidung, aber Sie sind es nicht!). Es geht um das Loslösen der Identifikation mit all diesen falschen Selbst. Sie werden erkennen: Das alles bin ich *nicht*!
Und wenn Sie noch etwas finden, von dem Sie glauben, dass Sie es sind: Sie sind es nicht! Also lassen Sie einmal alles los, von dem Sie bisher dachten: Das bin ich (Ihre Rolle, Ihren Namen, Ihre Beziehung). Nicht dass Sie von Ihrem Partner weglaufen und die *Ver*bindung lösen, sondern sie lösen nur die *Bindung*, so dass Sie erkennen: Das bin ich nicht.
Ich bin jemand, der in eine Beziehung tritt, in einer Beziehung lebt, aber: Ich bin nicht die Beziehung. Und so werde ich erst einmal frei von dem, was ich nicht bin. Dann mache ich mir bewusst, *wer ich bin*.
Und ich erkenne, ganz gleich welchen Namen ich dem gebe: Ich bin ein Teil der einen Kraft des Universums, des höchsten Bewusstseins – ich kann es auch Gott nennen. Ich bin reine Gegenwart. Ich bin das *Ich Bin*. Ich bin existent, eigenschaftslos, aber *Ich Bin*.

Das ist meine einzige Wirklichkeit. Ich bin nicht mehr gut oder schlecht, angenehm oder unangenehm, höflich oder unhöflich. (Das sind Aspekte der Persönlichkeit). *Ich Bin*. Und indem ich mich als *Ich Bin* erkenne, erlange ich die Vollmacht über mein Leben.
Denn nur in dieser Selbstidentifikation habe ich schöpferische Vollmacht. Als Ego kann ich etwas tun, und das kann klappen oder nicht; es ist mühsam, anstrengend und dauert seine Zeit. In der Vollmacht lasse ich Dinge geschehen; es gibt nichts zu tun. Also kehre ich zurück in die Selbstidentifikation, erkenne mich wieder als Teil des Ganzen, nehme meinen Platz ein, trete mein geistiges Erbe an, habe jetzt wieder Vollmacht zu schöpfen.
Kurz zusammengefasst: Kronenchakra auf (ich öffne das Gefäß meines Körpers), wachse über mich hinaus, trete hervor als das Bewusstsein, das ich bin; recke den Riesen, der da in der Flasche des Körperbewusstseins eingesperrt war, und bin wieder frei; ich bin frei von den Grenzen der Materie (unstofflich, reine Gegenwart, reine Existenz) und mit nichts identifiziert: Ich bin *frei*! In dieser Freiheit vollziehe ich *Schritt 2:*

Ich öffne das Tor des Himmels, die Verbindung zwischen den beiden Gehirnhälften, das corpus calossum. Ich kann mir das auch bildlich vorstellen: Ich öffne eine Tür und die Räume (die beiden Hälften) sind wieder ein Ganzes. Wenn ich denke, dann denke ich immer mit beiden Teilen gleichzeitig (als Ganzes) und nicht in Teilen. Mal verlagert sich das Gewicht mehr dahin, mal mehr dorthin, aber die Tür ist offen! Die Tür bleibt offen.

Ich erkenne, wenn ich hervortrete, dass ich über mich hinauswachse: Da ist niemand, da ist Gedankenstille, da ist reine Existenz.
Und in dieser einen Existenz ist das Universum mein Bewusstsein. Ich bin das Ganze. Ich bin der *Alles*. Ich bin kein Teil vom Ganzen, *ich bin das Ganze*. Jeder ist das Ganze. Sobald das Universum mein Bewusstsein ist, trete ich durch die Tür des Augenblicks in die Zeitlosigkeit und bin außerhalb der Zeit.
In dieser Zeitlosigkeit – das ganze Universum ist mein Bewusstsein –, in dieser Haltung bin ich in der Wahrnehmung. Es gibt nichts zu lernen, nichts zu üben. Ich bin nur hervorgetreten, habe das Dach aufgemacht und schaue heraus; ich kann alles sehen, kann alles erkennen. Ich gehe in die Wahrnehmung und stelle fest: Wahrnehmung geschieht ständig. Ich brauche nur hinzuschauen und in der Wahrnehmung zu bleiben – und praktiziere von jetzt an gleich die neue Art des Lernens.

Wahrnehmen, erkennen, sein

Mit diesen Übungen im Bewusstsein wissen wir jetzt: Zuhören, merken, beurteilen, auswählen, angewöhnen, abgewöhnen fällt weg. Stattdessen lautet unsere Formel jetzt: wahrnehmen, erkennen, sein. Es gibt nichts mehr zu tun, alles geschieht im gleichen Augenblick.

Wenn ich hier etwas zum Ausdruck bringe, dann erkennen Sie es als zu sich gehörig oder als für Sie fremd. Erkennen Sie es, ist es ein Teil von Ihnen, dann gehört es zu Ihnen, Sie sind es! Es ist in Ihr Bewusstsein getreten, und da Sie Bewusstsein sind, ist es Teil von Ihnen – Sie sind es. Es gibt nie mehr etwas zu lernen, nur noch: wahrnehmen, erkennen, *sein.*

Worauf es jetzt ankommt, ist mindestens eine Stunde im Bewusstsein bleiben, auch wenn Sie dieses Buch weiterlesen. Unterbrechen Sie es nicht, bleiben Sie mindestens eine Stunde in diesem Bewusstsein. Wenn Sie diese eine Stunde durchhalten, wird Ihr Verstand vom Hindernis zum Diener des Bewusstseins. Erst hat er noch Einwände, kommt mit Argumenten und Gedanken. Sie bleiben einfach offen, das ganze Universum ist Ihr Bewusstsein, Sie beachten die Gedanken nicht. Innerhalb ganz kurzer Zeit spielt der Verstand mit. Sie können ihn in einer Stunde „umerziehen". (Vielleicht gefällt Ihnen das Wort „läutern" besser.) Und er wird vom Hindernis zum Helfer, zum Diener des Bewusstseins.

Erstarren Sie nicht in dieser Haltung, sondern lassen Sie Ihr Bewusstsein sanft noch weiter werden – wenn Sie wollen, über das Universum hinaus; gehen Sie einfach weiter ins Nichts. Aber bleiben Sie nicht stehen und sagen: Jetzt habe ich es ganz weit, so halte ich das, sondern es muss immer mit sanfter Bewegung weiter werden. Lassen Sie Ihr weit offenes Bewusstsein also ganz sanft noch weiter werden. Und das wenigstens eine Stunde. In diesem Bewusstsein können wir den entscheidenden Schritt tun vom Opfer zum Schöpfer.

Die Persönlichkeit ist ein Opfer, ihr geschieht etwas: Sie hat Glück oder Pech. Für das Bewusstsein, das Sie sind, gibt es diese Begrenzung nicht. Es geschieht das, was Sie geschehen machen. Sie bestimmen, was sein soll; Sie rufen es in Erscheinung, lassen es geschehen. Auch das wollen wir gleich ausprobieren:

Richten Sie Ihr erweitertes Bewusstsein auf irgendeine Situation Ihres Lebens (es kann die gesundheitliche Situation sein, die partnerschaftliche, die berufliche oder die wirtschaftliche).
Ein Schöpfer schaut auf einen Aspekt seines Lebens und erkennt: Es ist noch nicht optimal. Im gleichen Augenblick träumen Sie: Wie sollte es sein? Und Sie stellen sich das Ideal vor – irgendeine Situation Ihres Lebens sehen Sie jetzt ideal vor sich. Sie verändern die Situation in Ihrer Fantasie, nicht denken, nur in der Wahrnehmung. Sie bleiben weit offen, Sie schauen nur hin, es gibt nichts zu tun. Sie schauen hin, nehmen wahr, wie es ist, nehmen wahr, wie es sein sollte, gestalten es, wie es sein sollte, formen es um, bis es Ihnen gefällt und Sie sagen können: So, jetzt stimmt's!
Dann halten Sie Ihr Bewusstsein drei Minuten auf diesen erwünschten Endzustand gerichtet und fühlen sich wert, dass es so ist, und tun nichts weiter. Sie fühlen sich nur wert, es so zu haben, lassen vielleicht ein Gefühl der Freude aufkommen, der Dankbarkeit, der Zustimmung: „Genau so! Ja, schön. Danke!"

Ziehen Sie Ihr Bewusstsein ab von dem Bild des *Ist*-Zustandes und lassen Sie den erwünschten Endzustand zum *Ist*-Zustand werden, indem Sie Ihr Bewusstsein darauf halten: Das ist vorbei, das ist *jetzt*. Wenn ein Gedanke kommt, vertreiben Sie ihn nicht, sondern sagen: Jetzt nicht! Ich schöpfe!

Der Schöpfer hält eine Idee im Bewusstsein fest und verdichtet sie so zur Realität *(das ist geschehen lassen!)*. Sie lassen gerade eine Tatsache geschehen, die eben noch keine war. Der Schöpfer macht von seiner Vollmacht Gebrauch, lässt Wirklichkeit geschehen.

Ich halte mein Bewusstsein so lange auf diesen Aspekt gerichtet, bis ich spüre: *Es ist vollbracht,* (die Kraft hört auf zu fließen, es ist erledigt). Wenn der Verstand einsetzt und fragt: Meinst du wirklich, das ist jetzt so?, antworten Sie: Du wirst es sehen! *Es ist.*

Der Verstand kann nicht begreifen, dass es so einfach sein soll – er denkt: Man muss doch etwas tun, man muss dafür arbeiten; Anstrengung, das dauert und kostet Zeit, Geld, Bewusstsein, Mühe, Schweiß.

Das trifft nicht für einen Schöpfer zu! Das Einzige, was Sie tun müssen, ist ein klares Bild schaffen, Ihr Bewusstsein darauf richten und so lange halten, bis es geschehen ist – bis Sie spüren, es ist vollbracht. Sie könnten jetzt weitermachen, schadet ja nichts, aber es ist vollbracht! Jetzt lassen Sie es dankbar los und sagen sich: „Schön, das habe ich auch wieder in Ordnung gebracht! Was ist sonst noch zu verändern?"

Nun können Sie eine andere Situation in Ihr schöpferisches Bewusstsein nehmen – sinken Sie nicht wieder in den Verstand, bleiben Sie hervorgetreten, bleiben Sie im schöpferischen Bewusstsein.

Sie müssen nicht die ganze Zeit etwas schöpfen (das Schöpfen dauert zwei bis drei Minuten), aber Sie müssen jetzt eine Stunde im schöpferischen Bewusstsein bleiben (hier oben ist es weit offen, das ganze Universum ist mein Bewusstsein, ich bin der Mittelpunkt des Universums, ich bin der Schöpfer, es gibt nichts zu tun).

Sie werden spüren, so allmählich findet der Verstand das gut – er hört auf zu rebellieren, zu argumentieren; er spürt etwas Neues, Größeres; er wird interessiert und fängt an mitzumachen; er wird vom Hindernis zum Helfer.

Und hier – spätestens hier – machen die meisten den Fehler und hören wieder auf, brechen den Schöpfungsprozess ab. Sie machen diesen Fehler nicht. Sie bleiben wenigstens eine Stunde im schöpferischen Bewusstsein, denn dann ist für alle Zeit der Verstand im Bewusstsein registriert. (Er ist eine Abteilung Ihres Bewusstseins. Der Chef ist wieder selbst am Apparat. Der verlorene Sohn ist nach Hause zurückgekehrt. Sie sind bei sich angekommen. Sie sind wieder bei Bewusstsein).

Und während dieser Zeit machen Sie sich bewusst: Das ist Ihr natürlicher Zustand. So sind Sie gemeint! Es ist nichts Neues, Größeres und Höheres. Es ist ganz natürlich. Das sind *Sie*.

Mitschöpfer der Schöpfung

Gehen wir noch einen Schritt weiter im Verständnis der Intuition. Wir haben gesagt, dass Intuition keine Einbahnstraße ist (ich empfange nur etwas passiv), sondern ein Dialog. Wir können es genauer formulieren: ein Dialog mit der Schöpfung. So wie ich die Botschaft empfange, was stimmig für mich ist, kann ich auch aussenden, was ich in Erscheinung rufen will. Ich gebe meine schöpferischen Impulse *in* die Welt.

Mit anderen Worten: Sie sind aufgerufen, als Mitschöpfer die Schöpfung zu gestalten. Und Sie haben alle Freiheit, alle Vollmacht. Sie können jederzeit erwünschte Zustände in Erscheinung treten lassen.

Vielleicht richten Sie Ihr schöpferisches Bewusstsein einmal auf eine Situation in Ihrem Leben, die man verbessern könnte, ganz gleich, welche.

Ihre Fantasie bietet Ihnen verschiedene Möglichkeiten und fragt: Möchtest du es so oder so? Und Sie schauen hin, was stimmt (wie bei der Kleideranprobe probieren Sie alles Mögliche aus). Sie lassen sich von Ihrem Helfer „Fantasie" verschiedene Möglichkeiten vor Augen führen, bleiben im schöpferischen Bewusstsein. Und auf einmal kommt die passende Form und Sie erkennen: Genau, das ist es doch!

Das Einzige, was jetzt zu tun ist, ist Ihr wohlwollendes, zustimmendes Bewusstsein darauf zu richten und zu halten. Das braucht später keine drei Minuten; eine Sekunde reicht aus, wenn Sie in Übung sind – es geschieht immer in einer Sekunde! Aber in dieser einen Sekunde müssen Sie absolut in der Gedankenstille, im schöpferischen Bewusstsein, den erwünschten Endzustand vor Augen und im Gemüt der Zustimmung („Genau so stimmt es!") sein. Das geschieht in einer Sekunde; drei Minuten nur, damit diese Sekunde stattfinden kann, wenn alle diese Voraussetzungen einmal gleichzeitig zusammentreffen.

Jetzt erleben Sie meistens ein Aufatmen und wissen: Es ist vollbracht, das habe ich auch wieder geschafft. Bleiben Sie ohne Tätigkeit im schöpferischen Bewusstsein und vollenden Sie so die Ausbildung des geistigen Riesen, der Sie sind.

Sie haben Ihr Körperbewusstsein geöffnet, sind hervorgetreten, sind frei, sind da. Sie sind als Schöpfer bei sich angekommen.

Sie vollziehen gerade Evolutionen von Inkarnationen. Denn das, womit Sie sich vielleicht monatelang rumschlagen (vielleicht jahrelang, vielleicht schon seit Inkarnationen), können Sie jetzt in Minuten lösen, eigentlich in einem Augenblick – *Jetzt*.

Das ist Leben in der Leichtigkeit des Seins. Ich hoffe, Sie wollen es nie mehr anders haben.

In dem Augenblick, wo wir so zu Bewusstsein gekommen sind, wo wir diese geheime Pforte des Augenblicks in die Zeitlosigkeit durchschreiten, erleben wir den Durchbruch zur befreienden Einsicht. Und Einsicht ist multidimensional.

Ganz gleich, was wir anschauen: Wir haben den Durchblick, wir blicken hinein, aber wir erkennen auch das *Eine* in allem, was wir anschauen. Das heißt, wohin wir auch schauen, wir begegnen immer nur uns selbst.

Was die Persönlichkeit auf ihrer Ebene über den Spiegel der Partnerschaft, der Lebensumstände erlebte, nämlich sich selbst zu begegnen, das erleben wir jetzt, wenn wir zur Einsicht gekommen sind, auf der höchsten Ebene, indem wir erkennen: Es gab noch nie etwas anderes als mich. Ich bin die einzige Wirklichkeit. Und der scheinbar andere ist kein anderer. *Das bin ich* (ich erkenne mich nur).

Der Weg vom Ich ist in dem Augenblick abgeschlossen, wo Sie in diesem Bewusstsein bleiben – *Ich* findet nicht mehr statt. Wir leben ab jetzt im kosmischen Bewusstsein, haben die kleine Persönlichkeit losgelassen, überschreiten den Verstand und sind im Meisterbewusstsein. Das unpersönliche Leben hat gerade begonnen. Es ist Ihre Entscheidung, ob Sie es jemals wieder beenden.

Von nun an geht es nur noch darum, wie man in dieses Meisterbewusstsein kommt. Leben heißt nichts anderes als drinbleiben – der bleiben, der ich bin. Erst der vollendete ist der wahre Mensch. Alle anderen sind Wesen auf dem Weg zu sich selbst. Sie sind gerade angekommen!

Wie Sie sehen, geschieht das nicht durch Arbeit an sich –, Meditation und Disziplin können zeitweise ganz hilfreich sein – sondern es geschieht durch Erinnerung. In meinem Inneren erkenne ich: *Das bin ich*. Das muss ich nicht lernen, das brauche ich nicht zu werden, das war ich immer, das werde ich immer sein. Ich kann es ignorieren, vergessen und verleugnen, aber ich kann nicht austreten, kann nicht aufhören, *ich selbst* zu sein.

Die Illusion des eingekapselten Ichs ist beendet, ich erkenne: Das ist das eigentliche Leben, auf das ich immer gewartet habe, es hat gerade begonnen. Jetzt kann das Abenteuer des eigentlichen Lebens beginnen. Wenn ich angekommen bin, frage ich mich: Warum erst jetzt? Warum erfährt man nichts darüber, liest man das nicht, wird das nicht in der Schule unterrichtet? Wieso erkenne ich erst jetzt die unbegrenzten Möglichkeiten des menschlichen Geistes?

Die Ego-Revolte

Möglicherweise ist bei Ihnen noch immer das Ego in der Revolte, es hält es nicht in der Stille und Ruhe des Bewusstseins aus und sagt: „Das ist jetzt aber gut, wir können wieder aufhören. Lass uns wieder etwas tun!" Das ist Ihre Entscheidung! Es ist eine Versuchung, denn das Tun (das Machen, die Aktivität, der Aktionismus) ist vertraut. Es ist wichtig, dass Sie diese Ego-Revolte durchschreiten, ohne nachzugeben. Sie können ja z. B.

sagen: „Wenn du nachher noch da bist, kannst du mir alles sagen, aber jetzt bin ich eine Stunde in diesem Bewusstsein."

Stellen Sie sich vor, das Ego ist ein Eisberg und schwimmt im Ozean des Bewusstseins. Und Sie haben gerade das Licht der Erkenntnis darauf gerichtet. Der Eisberg des Egos beginnt zu schmelzen. Jetzt kommt es darauf an, lange genug das Bewusstsein darauf gerichtet zu halten, bis das Ego auch wirklich geschmolzen ist.

Frequenzen der Intuition

Intuition geschieht ständig. Betrachten Sie sie einmal als Schöpfer: Wie nehme ich Intuition wahr? Ist es ein Bild, eine Stimme, ein Wort, eine innere Gewissheit, ein Gefühl, ein Gespür, eine Ahnung? Auf welcher Frequenz nehme ich Intuition am leichtesten wahr?

Gehen Sie einmal ganz bewusst durch die verschiedenen Frequenzen – wie mit der Fernbedienung durch die Programme: Was kommt auf der Bildfrequenz im Moment an? (Ich bin nur offen, bin da, bin bereit.) Welche Bilder tauchen auf? Ich brauche sie nicht zu beurteilen, zu bewerten, muss sie nicht einmal formulieren – ich schaue sie nur an. (Wenn es für Sie leichter ist, können Sie die ganze Zeit die Augen geschlossen halten.)

Haben Sie sich die Bilder angeschaut, dann betrachten Sie eine andere Frequenz: Welches Gefühl kommt jetzt auf, erfüllt mich? Was fühle ich in diesem Augenblick? Spüren Sie Ihre Gefühle – ohne Urteil, ohne Bewertung.

Prüfen Sie gleichzeitig: Ist dieses Gefühl Ausdruck einer Intuition? Ist dieses Bild Teil einer intuitiven Botschaft? Welche innere Gewissheit erfüllt mich gerade? Tritt meine Intuition als Gedanke in Erscheinung? Betrachten Sie Ihre Gedanken, aber fangen Sie nicht an zu denken. Denken Sie nicht nach, schauen Sie nur einmal hin! Was denkt es denn gerade im Verstand?

Um nicht in den Verstand zu geraten, bleiben wir multidimensional – nehmen Sie gleichzeitig wahr: Was denke ich? Welche Bilder tauchen auf? Welche Gefühle sind da? (Gleichzeitig, nicht schnell nacheinander – gleichzeitig, denn das kann der Verstand nicht.)

Wenn Sie multidimensional wahrnehmen können, dann sind Sie ganz sicher nicht im Verstand!

Zwei Arten der Wahrnehmung

Richten Sie Ihr Bewusstsein doch einmal auf eine mögliche Entscheidung in Ihrem Leben. Kommen Sie aber nicht in Versuchung, darüber nachzudenken. Nehmen Sie einfach nur die Entscheidung ins Bewusstsein: Was ist da zu klären? Schauen Sie nur hin, und Sie erfahren in einem Augenblick eine holistische, umfassende Information, *wie es ist.* Es gibt nichts zu entscheiden, Sie haben gleich die Antwort.

Sie können Ihr Bewusstsein auch auf eine Frage richten: Betrachten Sie die Frage, und die Antwort fällt Ihnen ein. Sie lassen sich absichtlich etwas ganz Bestimmtes einfallen.

Es kann Ihnen nur einfallen, wenn Sie offen bleiben – der kleinste Gedanke und die Leitung ist besetzt. Bleiben Sie „oben“ in der Gedankenstille, sind Sie offen und lassen Sie Veränderung geschehen.

Intuition geschieht in einem Augenblick: umfassend, holistisch, gleichzeitig. Deswegen kann der Verstand sie nicht erfassen, weil er linear denkt. Intuition geschieht wie die Erschaffung der Welt vor 20 Milliarden Jahren aus dem *Nichts* – sie ist plötzlich da, tritt in Erscheinung.

Nun machen wir einen kleinen Härtetest: Während Sie bei Bewusstsein bleiben, offen sind, denken Sie einmal über die Situation nach, die Sie anschauen. Sie bleiben also in der Wahrnehmung, in der Situation, und beginnen zu denken, ohne aus der Wahrnehmung zu rutschen. (Das Wichtigste ist, bleiben Sie in der Wahrnehmung! Denken bereitet ja keine Schwierigkeiten.) Sie halten Ihr offenes Bewusstsein auf die Situation gerichtet, über die Sie jetzt *auch* nachdenken. Sie fangen an, ganz behutsam darüber nachzudenken, und vergewissern sich, dass Sie ständig die Wahrnehmung halten, dass Sie nicht aus der Wahrnehmung rutschen.

Was ich Ihnen vor Augen führen will ist: Uns stehen zwei Wahrnehmungsbereiche gleichzeitig zur Verfügung – das Denken und die Intuition. Und wir sollten ab jetzt immer beides gleichzeitig tun, denn das ist der einzige Weg, der ausschließt, dass Sie wieder in den Verstand rutschen. (Ich denke zwar, aber ich bin nicht im Verstand – ich bin bei Verstand). Wenn Sie zwei Dinge gleichzeitig tun, können Sie nicht im Verstand sein. (Der Verstand kann das nicht, aber ich *selbst* kann wahrnehmen und denken.)

Um ganz sicher zu gehen, nehmen wir noch einen dritten Bereich hinzu: Fühlen. Ich denke und fühle, während ich in der Wahrnehmung bin; das ist ungewohnt, aber überhaupt nicht anstrengend. Es gibt ja nichts zu tun! Ich bin ja nur offen. Ich schaue ja nur hin, welche Gedanken da sind, welche Gefühle geschehen – ich bleibe in der Wahrnehmung.

Und jetzt kann ich etwas tun: Ich kann über eine Wahrnehmung nachdenken. Ich kann mit dem Verstand mit einer Wahrnehmung umgehen, ohne die Wahrnehmung zu unterbrechen. Der Verstand nimmt mir nicht die Wahrnehmung (rennt zu sich und fängt an, sie mit dem

Gedanken zu zerkrümeln). *Nein,* Sie bleiben in der Wahrnehmung und gestatten dem Verstand, sich mit Ihrer Wahrnehmung zu befassen; er darf darüber nachdenken, während Sie weiter wahrnehmen.

Dann erkennen Sie: Der Verstand kann sich irren – das geschieht auch oft genug – Intuition aber ist Wahrnehmung der Wirklichkeit. Da gibt es keinen Irrtum. Der Irrtum kann nur in der verzerrten Wahrnehmung der Wahrnehmung liegen.

Intuitiv leben

Wir können noch einen Schritt weiter gehen: In dieser Wahrnehmung erkennen Sie, dass es möglich ist, die ganze Welt in sich zu entdecken.

Sie erkennen, dass Sie ein inneres Archiv haben, ein komplettes Archiv des gesamten Wissens. Über die Intuition haben Sie Zugriff zu diesem Archiv und können alles in sich klären! Sie könnten das ganze Universum erforschen, ohne Ihr Zimmer je zu verlassen. Alle Entdeckungen, die im Außen zu machen sind, können Sie in sich machen. Alle Antworten auf Fragen, die auftauchen, können Sie in sich finden.

Denken Sie über diese Aussage nicht nach! Rutschen Sie jetzt nicht wieder in den Verstand! Nehmen Sie es auf. Entweder erinnern Sie sich („Genau, so ist es"), oder lassen Sie den Gedanken einfach als „zur Zeit nicht nachvollziehbar" weiterziehen.

Bleiben Sie bei Bewusstsein! Und in diesem schöpferischen Bewusstsein – ich möchte Sie noch einmal daran erinnern – können Sie jede Realität, jede Situation, jede Gegebenheit verändern. Sie können z. B. Erfolg, Gesundheit oder die Begegnung mit dem idealen Partner verursachen. Es dauert nicht lange, es sei denn, Sie glauben, dass es lang dauert. Wenn Sie glauben, dass es Zeit braucht, dann wird es Zeit brauchen. In Wirklichkeit kann alles immer sofort geschehen.

Das Durchschreiten der Tür ins Bewusstsein ist ein einmaliger Vorgang. Wenn wir durch sind, sind wir durch. Wenn wir auf halbem Weg umkehren, hat es nichts gebracht. Aber wir haben natürlich die Chance, es im nächsten Augenblick wieder zu versuchen; bis wir es irgendwann nicht mehr versuchen, sondern es einfach tun. Und irgendwann könnte natürlich *jetzt* sein.

Prüfen Sie einmal, ob es soweit ist. Spüren Sie in sich einen inneren Frieden? Oder spüren Sie eine Unruhe, eine Unzufriedenheit mit dem, was Sie gerade lesen, weil es Ihren Verstand kränkt? Halten Sie weiter durch und bleiben Sie bei Bewusstsein.

Erfahren Sie dieses Gefühl als innere Gewissheit: Jetzt bin ich durch! Jetzt habe ich es geschafft! Ich habe es begriffen. *Es ist. Ich Bin.*

Haben Sie die Erkenntnis noch nicht bzw. nicht ganz, bleiben Sie noch ein bisschen bei Bewusstsein. (Es ist ja eigentlich nicht anstrengend, es ist nichts zu tun – es ist nur ungewohnt, ununterbrochen zu *sein*).

Wenn es je ein Zeitalter gegeben hat, das Intuition dringend nötig hatte, dann ist es das unsrige. Wir werden immer wieder weit reichende Entscheidungen treffen müssen, wobei Fehler nicht nur wahrscheinlicher, sondern auch immer katastrophaler werden. Aber wir können uns auf diesem Planeten keine weit reichenden Fehler mehr leisten!

Zum Glück haben wir ein Instrument, das es möglich macht, die richtigen Entscheidungen zu treffen. Sie sind gerade dabei, es in Besitz zu nehmen und ohne Fehler ein Leben zu beginnen, ohne Fehler im Sinne von: Vorbeugen ist besser als heilen!

Wenn Sie es richtig machen, kommen Fehler nicht mehr vor. Sie werden erkennen: Fühlen ist kein Ersatz für Denken, und Denken ist kein Ersatz für Intuition. Intuition ist, wie Einstein schon sagte, einfach unverzichtbar.

Intuition ist nicht etwas, was einigen wenigen, Genies oder Auserwählten des Schicksals, in die Wiege gelegt wurde, sondern jeder Einzelne von uns hat diese Fähigkeit. Das Einzige, was uns vom ständigen Fluss der Intuition trennt, ist die Unrast der Persönlichkeit und des Verstandes. Sobald wir uns darüber erheben und selbst bestimmen, erreicht uns die Intuition.

Intuition braucht als einzige Voraussetzung Geistesgegenwart (Sie sollten bei Bewusstsein sein). Sind Sie beim Lesen dieser Absätze im Bewusstsein geblieben oder wieder in den Verstand gerutscht? Haben Sie die Sätze kritisch überdacht oder einfach nur wahrgenommen (mit der inneren Gewissheit: Ist stimmig für mich/ist nicht stimmig für mich)?

Indem wir unsere Intuition auf die Zukunft richten, erkennen wir, dass Prophezeiungen Teil der Intuition sind. Wie bereits erwähnt können Sie nicht nur Dinge wahrnehmen, die gerade geschehen; Sie können auch Dinge wahrnehmen, die noch gar nicht geschehen sind – in der linearen Zeit. Sie können sich an die Zukunft erinnern.

Probieren Sie es doch einfach aus: Erinnern Sie sich zum Beispiel einmal an Ihr Bewusstsein, in dem Sie am Ende dieses Lebens sein werden.

Fragen Sie nicht, wie man das macht – denn sonst sind Sie im Verstand –, machen Sie es!

Erinnern Sie sich, tauchen Sie ganz in das Bewusstsein ein: Sie sind alt, Sie blicken zurück auf dieses Leben und Sie spüren Ihr Bewusstsein – dann, wenn Sie Ihren Körper verlassen. Haben Sie Ihre Lebensaufgabe erledigt? Mit welchem Bewusstsein werden Sie diesen Körper verlassen? Sie können sich daran erinnern! Jetzt! Wenn Zeit eine Illusion ist, die Wirklichkeit in der Zeitlosigkeit existiert, alles gleichzeitig *ist,* dann können Sie in jede Zeit springen, in die Sie wollen. Denn in diesem Bewusstsein sind Sie ständig eingeschaltet in das morphogenetische Bewusstsein des Allbewusstseins.

Es ist wie bei einem Säugling: Ein Baby schaut in die Welt und sieht alles, aber es kann noch nicht erkennen und verstehen, es muss erst lernen, seine ihn überflutenden Eindrücke zu verarbeiten; das Baby muss erst begreifen, was es da sieht.

So ist es auch mit der Intuition. Wenn wir intuitiv leben, werden wir von der intuitiven Wahrnehmung überflutet und müssen erst lernen, alles zu verarbeiten, zu differenzieren, Bedeutungen zu erkennen, zu selektieren.

Ein wesentlicher Schritt dabei ist die bewusste Wahrnehmung der Wahrnehmung. Dass ich mir bewusst mache, was ich ständig empfange, und in diesem Bewusstsein bleibe.

Sie sind sehr viel besser als Sie je von sich gedacht haben. Sie lesen dieses Buch, um Intuition zu lernen, und ich zeige Ihnen, dass es im eigentlichen Sinne nichts zu lernen gibt, denn Sie konnten es schon immer. Sie müssen sich nur wieder daran erinnern, dass Sie es können, und Ihrer Intuition vertrauen. Und Vertrauen lernt man durch Erfahrung, und Erfahrung schafft man durch Erlebnisse und Training.

Jeder kann laufen, jeder Mensch ist potenziell ein Marathonläufer (das muss man nicht lernen, sondern sich daran erinnern, dass diese Eigenschaft in unseren Genen liegt). Wir sind von unserer physischen Natur aus keine Vor-dem-Fernsehapparat-Sitzer, sondern Dauerläufer. Wir können von unseren Potenzialen her stundenlang laufen. Wir brauchen uns nur daran zu erinnern und diese Fähigkeit wieder zu trainieren.

Vielleicht fragen Sie sich noch: Wozu laufen, es geht doch bequemer! Mag sein. Aber fragen Sie sich nicht mehr: Wozu Intuition trainieren, es geht doch auch viel komplizierter, viel fehlerhafter, viel leidvoller, viel ärgerlicher, viel stressiger. Sie haben – wie immer im Leben – die Wahl. Wählen Sie, solange Sie noch eine Wahl haben. (Manche müssen sich gesundheitlich erst so ruiniert haben, dass Bewegung an der frischen Luft, Joggen oder Walken, ihre letzte Möglichkeit ist, wieder gesund zu werden, bis sie gar keine andere Wahl mehr haben, wenn sie sich nicht ganz aufgeben wollen.)

Also fangen Sie an, das ganze Leben zu einem Intuitionstraining zu machen!

Beispiele: Es klingelt an der Haustüre (Wer ist es?), das Telefon klingelt (Wer ruft an?), die Post kommt (Was finde ich im Briefkasten? Ein Brief vom Finanzamt – bevor ich aufmache, kläre ich die Frage: Was wollen die?). Also immer Dinge testen, bei denen ich sofort ein Feedback erhalte. Habe ich richtig gelegen oder nicht?

Oder ich stehe in einem Kaufhaus vor drei Fahrstühlen und ich stelle mich (ohne auf mögliche visuelle Hinweise zu achten) sofort vor den, der als Erster kommt; Sie sehen, wie das Wetter am Reiseort ist (Welche Kleidung brauche ich? Wie viel Geld brauche ich?); dass Besuch kommt (Was wird der wollen?); dass eine Konferenz ansteht (Wie verläuft sie?).

Und jetzt bitte ich Sie, noch mehr energetisch wahrzunehmen. Sie haben irgendein Ereignis vor sich (z. B. den Inhalt eines noch nicht geöffneten Briefes) und prüfen einmal, bevor es geschehen ist (den Brief öffnen und den

Inhalt lesen): Wie fühlt sich das energetisch an? Was für eine Energie empfangen Sie?

Trainieren Sie Ihre Intuition mit kurzzeitigem Feedback. Welche Übungen kreieren Sie für sich selbst? Alles beginnt als Spielerei, als spielerische Übung.

Nun gehen Sie einen Schritt weiter: Suchen Sie relativ leichte, aber für Ihr Leben relevante Übungsformen, wo Intuition Ihr Leben wirklich verändern kann. Beispiele: Sie bereiten eine Management-Konferenz vor und gehen ins Sein (Wie wird das Energiefeld der Besprechung?), schauen sich das Energiefeld der einzelnen Teilnehmer an (Mit welcher Energie kommt der? Welche Energie, welche Absicht hat der? Was will er erreichen?) und stellen sich darauf ein!

Sie führen ein Gespräch mit einem Kunden (Was für eine Energie strahlt er aus? Unterstützen seine Worte die Energie oder stehen sie dem entgegen? Was will er wirklich?). Oder Sie wollen ein Haus kaufen (Zu welchem Preis ist der Verkäufer bereit, es herzugeben? Welche Bedingung muss ich schaffen, damit der Kauf zustande kommt?). Sie lesen die Speisekarte im Restaurant (Es gibt Truthahngeschnetzeltes), und Sie spüren: Ist das jetzt gut für mich? Oder Sie waren noch nie in diesem Restaurant, haben es noch nie gegessen. Dann kommt der Verstand sofort: Das musst du probieren. Und Sie sagen: Du bist jetzt einmal still. Schmecken Sie einmal, bevor Sie bestellen, was Sie in Erwägung ziehen. Wie schmeckt das, was ich gleich bestellen werde?

Viele Experten streiten über die wahre, gesunde Ernährung. Ich will hier nicht weiter darauf eingehen, es wäre ein Buch für sich! Wissen Sie aber, wer am besten weiß, welche Ernährung Sie jetzt brauchen? Sie selbst natürlich. Und wissen Sie, woher Sie diese Information bekommen können? Richtig! Aus der Intuition. Lassen

Sie Ihre Intuition Ihren Ernährungsplan aufstellen! Und dabei werden Sie auch zu differenzieren lernen: Welche Empfehlungen erhalte ich aus der Intuition? Wonach bin ich süchtig? Ihre Intuition wird Ihnen gesalzene Chips als gesunde Ernährung sicherlich nicht empfehlen.

Und so spielen Sie einmal mit der Intuition herum. Wenn mein Partner heute Abend nach Hause kommt, in welcher Stimmung wird er kommen? Was wird er mir vom Büro oder von seinem Beruf erzählen? Erleben Sie einmal intuitiv – nicht rational – im Voraus: Mein Mann/meine Frau kommt nach Hause. In welcher Energie? Was sind seine/ihre ersten Worte? Sie erleben im Voraus: Der andere macht die Türe auf und Sie hören, was er sagt (Sie werden es immer wieder erleben; es ist wie ein Film, den Sie schon einmal gesehen haben). Sie erleben das also jetzt, und drei Stunden später kommt der andere dann wirklich nach Hause und sagt das, was Sie im Film vorhin schon gehört haben.

Und Sie fragen sich: Moment, das konnte mein Partner doch vor drei Stunden selbst noch nicht wissen, was er sagen würde, wenn er nachher zur Tür hereinkommt. Wie kann das möglich sein?

Der Verstand kommt da erst recht nicht weiter – und ich weiß auch keine Antwort. Ich weiß nur eins: Alle Zeit ist *jetzt* – nur für den Verstand, für unser Tagesbewusstsein läuft sie linear ab: Das war eben, das ist jetzt, das wird gleich kommen. Doch in Wirklichkeit gibt es das nicht. Besser noch: Da wo die wirkliche Wirklichkeit (und nicht die eingebildete) ist, gibt es keine Zeit, sondern nur die Zeitlosigkeit.

Wir können uns das schwer vorstellen bzw. nicht gut begreifen. Doch durch die Intuition nehmen wir diesen zeitlosen Raum wahr. Und selbst diese Formulierung ist nur eine Krücke, denn da, wo es keine Zeit gibt, gibt es auch keinen Raum. Das Tor ist ein Tor, in dem ich Zeit und Raum verlasse. Sie verstehen das nicht mit dem Verstand, doch mit Ihrer Seele, denn sie existiert in dieser anderen Sphäre außerhalb von Zeit und Raum. Intuition ist unser Kommunikationskanal zu unserer Seele.

Vielleicht hilft es unserem Verstand etwas, wenn wir uns, wie die Hindus das machen, die Zeit wie ein Rad vorstellen.

Im Zyklus der Zeit

Ein Rad hat die Eigenschaft zu rollen. Wir stellen uns Folgendes vor: Da, wo das Rad den Boden berührt, ist die Gegenwart; der Bereich, mit dem das rollende Rad den Boden schon berührt hat, ist die Vergangenheit; und der Bereich, mit dem das Rad den Boden noch berühren wird, ist die Zukunft. Sie merken schon: Was in diesem Bild Zukunft wird, ist auch schon einmal Vergangenheit gewesen, was Vergangenheit war, wird wieder Zukunft werden. Und wenn wir uns jetzt noch in die Radnarbe denken, in die Mitte, in die Zeitlosigkeit, dann können wir erkennen: Das ist Zukunft, das ist Vergangenheit, das ist Gegenwart. Es ist alles gleich weit von der Mitte entfernt!

Die ganze Zeit ist *jetzt*. Sie ist nur noch nicht abgelaufen. Das muss sie auch nicht, keiner treibt sie an – Sie *ist* ja. Und so können wir das rationale Hindernis beseitigen, die Barriere, die der Verstand aufrichtet: Wie willst du denn etwas wissen, was noch gar nicht passiert ist?

Mit diesem Gedankenmodell habe ich es mir jedenfalls klar gemacht. Sie glauben nicht, was ich für einen skeptischen, nüchternen, objektiven, sachlichen Verstand habe, der mir immer wieder ein Bein stellt. Mit dem

Modell „Zeit als Rad“ habe ich ihm begreiflich gemacht, dass eben Zeit *jetzt* ist und dass der Ablauf eben nur ein Ablauf ist. Aber wenn ich in meiner Mitte bin, ist alles gleich weit in jede Richtung. Mein Verstand hat irgendwann akzeptiert: Erinnerung an die Zukunft ist dadurch möglich.

Ein anspruchsvolleres Intuitionstraining ist: Wie geht das Gespräch heute Mittag aus? Wie läuft der Termin vor Gericht in zwei Wochen ab? Welche Entscheidung wird der Vorstand bezüglich dieser oder jener Frage treffen? Wahrscheinlich kommen Sie sofort in Versuchung, darüber nachzudenken (ja, vermutlich werden die beiden sich zu verbünden ..., versuchen ...) – Stopp, jetzt nicht nachdenken und auch nicht raten, sondern Energie wahrnehmen!

Beispiel Management-Konferenz: In meiner „Erinnerung an die Zukunft“ komme ich gerade aus der Konferenz heraus, die Verhandlung ist vorbei. Ich versetze mich in diesem Moment in die Energie der Frage: „Wie war es denn?“ Und dann gehe ich in die Energie. Also erst einmal: Wie ist das Ergebnis? Wie war die Energie? Wie ist meine Energie jetzt? Ist das Ergebnis für mich in Ordnung, oder hätte ich lieber ein anderes Ergebnis? Jetzt erinnere ich mich: Was hätte ich denn gerne vorher getan, damit die Konferenz sich anders entwickelt, meine Interessen berücksichtigt werden? Ich erinnere mich also nach einem Ereignis, was noch gar nicht geschehen ist, und sehe wie ich Einfluss nehmen muss, damit das Ereignis sich anders darstellt.

Da diese Einflussnahme auf die mögliche Zukunft durch Intuition so bedeutsam ist, drücke ich es noch einmal mit anderen Worten aus: Ich gehe in ein Ereignis, das noch vor mir liegt, und schaue, ob es für mich stimmig läuft. Und wenn es nicht stimmig läuft, dann erkenne ich es (nachher ist man ja immer klüger!!); ich erkenne im scheinbaren *Nachher,* was hätte geschehen *müssen,* welche Voraussetzungen hätten geschaffen werden sollen, damit es anders hätte laufen können.

Ich gehe zurück in den Gegenwartspunkt und schaffe mir die Voraussetzung, die ich brauche, damit es so läuft. So agieren Schöpfer! Das ist ihr Geheimnis!

Der nächste Schritt wäre: Ich gehe scheinbar zurück in der Zeit, ins Jetzt, schaffe die Voraussetzungen und gehe wieder ins *Nachher* und schaue: Hat es mit diesen neu geschaffenen Voraussetzungen auch geklappt? Haben sie wirklich dazu geführt? Waren sie ausreichend oder fehlen weitere Voraussetzungen? Oder habe ich gar einen unerwünschten Nebeneffekt hervorgerufen, den ich nicht bedacht habe ...

Hinterher ist man immer schlauer, also gehe ich wieder ins *Hinterher* und sage: „Oh, das habe ich jetzt nicht berücksichtigt, dass ich damit *diese* Entwicklung in Gang gesetzt habe. Da müsste ich jetzt vorher das tun, damit das gewünschte Ergebnis nachher herauskommt".

Also gehe ich wieder ins *Vorher,* tue das, was ich getan haben müsste, damit das *Nachher* stimmt, gehe ins *Nachher* und schaue, ob es jetzt stimmt.

Und wenn es jetzt stimmt, dann kann ich wieder ins *Vorher* gehen und sagen: „So, das läuft jetzt." (Es ist gelaufen, bevor es geschehen ist.)

Das hört sich für den Verstand ungewohnt an, ist aber für den Schöpfer ganz natürlich, selbstverständlich. Und es gibt keinen Grund, es jemals wieder anders zu machen.

Alles, was Ihnen wertvoll und wichtig ist, sollten Sie auf diese Weise betrachten. Ich nehme für mich als Bild das Unkraut zupfen: Ich gehe durch meinen Garten (die Zukunft) und zupfe die Dinge, die mir da nicht gefallen, aus, ehe sie überhaupt entstanden sind.

So kann ich umgekehrt auch mit meinem Saatgut umgehen. Wenn ich diese Saat säe (diese Ursache schaffe), was wird dabei herauskommen?!

Die Macht der Stimmigkeit

Ich werde häufig gefragt, was passiert, wenn in einer solchen Situation zwei oder mehrere Leute die gleiche Technik anwenden, um das gleiche Ziel zu erreichen (z. B. einen Arbeitsplatz zu bekommen).

Machen wir ein solches Gedankenexperiment! Zwei Leute bewerben sich mit diesen hier besprochenen Techniken um denselben Arbeitsplatz. Nehmen wir einmal an, beide sind in Willens- und Vorstellungskraft gleich stark, haben das gleiche Seminar besucht, haben die gleiche Dynamik, gehen auch mit der gleichen Energie an das Ziel.

Wer setzt sich durch? Wer erhält den Arbeitsplatz? Die Antwort lautet: die Wahrheit. Das, was stimmt. Da dieser Arbeitsplatz nur für einen bestimmt ist, wird bei identischer Verursachung der den Zuschlag bekommen, für den der Arbeitsplatz wirklich bestimmt ist.

Wir führen dieses Gedankenexperiment aus, um uns diesen „Mechanismus" der Schöpfung klar machen zu können.

Wir können uns das so vorstellen: Alle Zeit, die je sein wird, und alle Ereignisse, die in dieser Zeit als Möglichkeit denkbar sind, sind am Anfang der Schöpfung aus der Mitte im Rad der Schöpfung geschaffen worden. Und damit gibt es Dinge, die schöpfungsgerecht sind, und Dinge, die nicht schöpfungsgerecht sind (stimmige oder unstimmige Dinge). Gerade der Mensch mit seinem Eigenwillen (seiner Freiheit zu wählen) kann Entscheidungen treffen, die nicht schöpfungsgerecht sind und dessen Folgen und Konsequenzen er zu tragen hat.

Ich bin ein Teil der Schöpfung, ich füge mich also in diesen Schöpfungsprozess ein. Wenn jetzt zwei Menschen gleich stark sind, die gleiche Technik anwenden – unter den völlig gleichen Bedingungen –, dann geschieht das und setzt sich das durch, was schöpfungsgerecht ist, was stimmt.

Wir sollten nie etwas bewusst verursachen, was nicht stimmt. Wir würden es wahrscheinlich erreichen, denn als Schöpfer sind Sie normalerweise allein und haben keine „konkurrierenden Schöpfer". Alle anderen schlafen, und Sie sind der Einzige, der wach ist. Sie können alles in Empfang nehmen, es ist normalerweise keiner da, der Sie daran hindert.

Aber wenn Sie etwas verursachen, was nicht stimmt, und Sie bekommen es, dann ist das eine Strafe! Sie haben etwas verursacht, was nicht stimmt, und Sie tragen die Folgen dessen, dass es nicht stimmt.

Was also tun, um immer nur das zu verursachen, was schöpfungsgerecht und stimmig ist?

Solange Sie noch unsicher sein sollten, beenden Sie Ihre Bestellungen an das Leben mit dem Satz „... wenn es sein darf" oder „... wenn es stimmt".

Besser jedoch ist es, gleich in die intuitive Wahrnehmung zu gehen – schauen Sie einfach hin, ob es stimmt: Ist das so? Okay, meine Absicht ist stimmig und schöpfungsgerecht. Sie wissen dann: Die anderen können rudern, wie sie wollen, während Sie nur ganz leichte Bewegungen machen, um zu erreichen, was Sie wollen (das Stimmige ist auf Ihrer Seite, die Schöpfung ist Ihr Rückenwind). Sie sind in der Vollmacht und Übermacht.

Das Geheimnis der Unbesiegbarkeit

Es gibt noch eine wunderbare Situation, nämlich: das Geheimnis der Unbesiegbarkeit. Beispiel: Sie gehen in eine Konferenz und wissen, dass alle anderen gegen Sie sind. Sie stehen völlig allein mit Ihrem Standpunkt, aber wenn er schöpfungsgerecht ist, dann wissen Sie, dass Sie gewinnen werden (Gewinnen ist eigentlich das falsche Wort), dass sich die Wirklichkeit, die Wahrheit durchsetzt, das Stimmige.

Ihr Verstand sagt vielleicht: Das kann gar nicht sein, die anderen sind in der Überzahl, sie vertreten einen anderen Standpunkt. Ich bin gar nicht in der Position, überhaupt in dieser Konferenz den Vorschlag zu machen – schon gar nicht durchzusetzen.

Es geht nicht um „durchsetzen", auch wenn ich den Begriff eben selbst verwendet habe, oder um „kämpfen". Es geht nur darum: Das stimmt – und dann ist das Universum auf meiner Seite, egal wer auf der anderen Seite ist. Zwar kann eine Patt-Situation eintreten – ein Teil des Universums gegen einen anderen Teil des Universums, aber keiner kann den anderen besiegen. Aber wenn Sie jetzt in der Beharrlichkeit bleiben, dann setzt sich das Stimmige durch. Das ist das Geheimnis der Unbesiegbarkeit.

Ich gehe einen gewaltigen Schritt weiter, denn wir haben das hier dargestellte Problem auch auf globaler Ebene! Die Menschheit verhält sich seit mehreren Jahrhunderten nicht mehr schöpfungsgerecht, insbesondere im letzten Jahrhundert. Die Folgen tragen wir: Die Menschheit steht am Abgrund, und nur ein radikaler Kurswechsel wird unser Überleben auf dem Planeten ermöglichen. Wir müssen uns also stimmig und schöpfungsgerecht verhalten, so dass die Menschheit auf dem

Planeten noch einmal gerettet werden kann. Das ist unsere Hoffnung, die wir noch haben. Wenn genügend Menschen dieses Geheimnis der Unbesiegbarkeit erkennen und an einem Strang ziehen, dann haben wir noch eine Zukunft.

Ein weiteres Beispiel, um Ihnen dieses Geheimnis näher zu bringen: Der Schöpfer des *Aikido* hat dieses Geheimnis sein Leben lang praktiziert. Er war ein schwächlicher, kränklicher, zierlicher Junge, sehr klein (1,52 Meter im erwachsenen Alter), hatte Minderwertigkeitsgefühle und suchte schon in jungen Jahren einen Weg, groß und stark zu werden. Dann erkannte er, dass er nicht viel größer, wohl aber stärker werden konnte – er fand einen Weg, unbesiegbar zu werden.

Und er hat all seinen Schülern und Bekannten gesagt: „Ihr könnt mich jederzeit – in welcher Übermacht auch immer, auch im Schlaf ohne Vorwarnung – angreifen." Sie haben als „Trainingspartner" von diesem Angebot reichlich Gebrauch gemacht, aber es ist nie einem gelungen, ihn zu besiegen, sein Leben lang nicht.

Ich habe eine solche faszinierende Unbesiegbarkeit selbst vor ein paar Jahrzehnten erlebt. Ich war zu Schaukämpfen in Japan eingeladen. Am Eingang erblickte ich ein kleines, gebeugtes Männlein mit weißen Haaren. Er bewegte sich mehr schlürfend als gehend. Ich dachte bei mir: Auch jemand, der früher einmal Judo gemacht hat und jetzt noch einmal ein bisschen zuschauen möchte, um in alten Erinnerungen zu schwelgen. Ich ging auf die Zuschauertribüne, und unten an der Matte waren die Landesmeister versammelt. Plötzlich – ich traute meinen Augen kaum – schlürfte der alte weise Greis im Judoanzug auf die Matte, ging auf einen Meister zu und verbeugte sich. (Der Kodex verlangt, den Kampf anzunehmen, wenn man herausgefordert wird.) Der Meister verbeugte sich ebenfalls, wahrscheinlich mit den Gedanken: „Na gut, ehrenhalber. Ich tue ihm nicht weh, mache nur mal ein bisschen mit." Und schon lag er auf dem Kreuz! Man konnte ihm ansehen, was er dachte: „Moment, so geht es auch wieder nicht! Wenn du aber den Kampf willst, dann mache ich ernst!" Dann wurde sein Gesicht entschlossen, und jedem Zuschauer war klar: Jetzt schmeißt er ihn. Der Meister war etwa 1,80 Meter groß und etwa 30 Jahre, der andere zirka 1,55 Meter und reichlich über 70 Jahre. Doch das kleine Männchen hat ihn wieder gepackt, und Sekunden später lag der Meister wieder auf der Matte. Und das Männlein gab ihm noch eine dritte Chance. Es wurde in den Reihen geflüstert: „Der Altmeister ..." – einige kannten ihn natürlich.

Es ist an diesem Tag niemandem gelungen, den Altmeister niederzuringen. Er ging durch die Reihen der Meister: verbeugt, geschmissen; verbeugt, geschmissen; verbeugt, geschmissen – er war nicht zu besiegen. Es war offensichtlich nicht eine Frage der Größe oder des Alters.

Dieses Erlebnis hat mich damals sehr fasziniert: Da muss doch eine geheimnisvolle Kraft sein, die so einem Greis, der doch offensichtlich nicht in der körperlichen Kraft ist, diese Unbesiegbarkeit verleiht. Ich habe danach gesucht und mich selbst mit *Aikido* befasst, gründete viele Judoschulen in Deutschland und habe viele Jahre später dieses Geheimnis gefunden – es ist das stimmige und schöpfungsgerechte Handeln.

Sobald Sie sich als die *eine Kraft* erkannt haben – nicht sobald Sie denken, Sie seien die eine Kraft (das nützt gar nichts, das ist mentale Spielerei, das ist Vorstellung), sobald Sie wirklich mit der einen Kraft in die Identifikation gegangen sind (Sie innerlich erkennen: Das bin Ich, Ich bin das Ganze), dann sind Sie unbesiegbar (geschäftlich, körperlich, seelisch).

Übung 5:
Die Macht der einen Kraft

Gehen wir wieder in dieses Bewusstsein. (Sie müssen nichts ändern, keine besondere Haltung einnehmen. Sie dürfen die ganze Zeit bequem sitzen.) Machen Sie sich einfach nur bewusst – im Schnelldurchgang: Wer bin ich? Wer bin ich nicht? Ich bin ein Teil der einen Kraft. Ich trete hervor, wecke den Riesen, der ich bin, *bin* die eine Kraft.

Betrachten Sie in diesem Bewusstseinszustand einen beliebigen Konflikt in Ihrem Leben. Und jetzt kann ein Wunder passieren: Keiner, der in der Kraft ist, kann gegen mich sein. Denn wenn er auch in der Kraft ist, kann man nicht gegeneinander stehen; es gibt keinen Kampf, keine Auseinandersetzung. Doch wenn er nicht in der Kraft ist, hat er eine Chance.

Gehen Sie einmal in diese Gewissheit, die stärkste Kraft des Universums zu sein. Vergessen Sie nicht: Diese Kraft heißt Liebe, „The Power of love" – und nichts anderes ist es, was durchkommen wird. Machen Sie von jetzt an liebevollen Gebrauch von dieser absoluten Überlegenheit. Keiner hat mehr eine Chance gegen Sie, kann Sie kleinmachen, manipulieren, für seine Zwecke ausnutzen. Aber da Sie selbst gegen niemanden sind, wird Sie auch keiner angreifen. Die Kraft tritt nie gewalttätig in Erscheinung, sie wird auch nie angewandt im Sinn von: „Dem zeige ich es mal! Nicht mit mir!" Schon sind Sie nicht mehr in der Kraft, sondern im Ego, verletzbar und verwundbar.

Aber sollte es doch einmal jemand böse mit Ihnen meinen, dann passiert wieder ein Wunder: Es kommt nicht zu einer Auseinandersetzung. Die Auseinandersetzung beginnt gar nicht erst.

Sie haben gewonnen, bevor Sie angefangen haben. Sie gehen unbesiegt, unangefochten durchs Leben.

Doch es ist nicht wie bei einer irdischen Meisterprüfung. Sie können nicht irgendwann vor einem Komitee die Prüfung ablegen und bekommen ein schönes Diplom, das dann edel gerahmt hinter dem Schreibtisch hängt, und ab dieser bestandenen Prüfung sind Sie Meister. Die Meisterprüfung, in der „einen Kraft" zu sein, muss man in jedem Augenblick des Lebens neu ablegen. Wenn Sie einen Moment aus diesem Bewusstsein herausfallen, sind Sie Meister gewesen.
Sie waren vielleicht jahrelang überlegen, doch in dem Moment, wo es darauf ankommt, sind Sie unterlegen, weil Sie nicht in der Identifikation waren. Es ist also eine Vollmacht, die man in jedem Augenblick erneuern muss.

Übung 6: Gruppen-Energie wahrnehmen

Ein weiterer Aspekt der intuitiven Wahrnehmung ist es, Energien wahrzunehmen. Sie können wahrnehmen, in welcher Grundenergie und aktuellen Energie Sie sind. Wenn Sie Ihre Grundenergie wahrnehmen, dann nehmen Sie Ihren Charakter wahr (vielleicht sogar Ihr Wesen – ich komme später darauf zurück). Wenn Sie Ihre aktuelle Energie wahrnehmen, dann spüren Sie Ihre Stimmung, Ihr Auf und Ab im täglichen Rhythmus. Doch es ist anfänglich leichter, andere Energien wahrzunehmen (Energien anderer Menschen). Sie werden sehr schnell ein Gefühl dafür entwickeln können, welche Menschen Ihrer Umgebung eine positive und welche eine negative Energie ausstrahlen. (Manchmal erkennt man gar eine kriminelle Energie, die ein Mensch hat.)

Gehen wir noch einen Schritt weiter: Wir können auch die Energie einer Gruppe wahrnehmen. Jede Gruppe hat ein eigenes Energiefeld, was wahrnehmbar ist, wenn wir unsere Aufmerksamkeit darauf richten.

Nehmen Sie doch einmal eine Gruppe als Persönlichkeit wahr, als ein Energiefeld (die kleinste Gruppe wäre Ihre Partnerschaft, eine größere wäre Ihre Familie, Ihr Arbeitsteam, Ihre Freizeitgruppe). Nicht die Energie Einzelner aus der Gruppe, sondern die Energie der Gruppe als Ganzes, als Persönlichkeit sozusagen. In welcher Energie ist Ihre Gruppe? Nehmen Sie sie wahr ... Wie empfinden Sie die Gruppenenergie? Stark, eine Einheit, Fülle oder Mangel, schwankend, zusammengehörig oder auseinander treibend ...

Wenn Sie die Gruppenenergie wahrgenommen haben, dann geben Sie jetzt fehlende positive Energie dazu: Die Gruppe ist ein Patient, Ihr Patient, und Sie sind der Therapeut. Was braucht diese Gruppe, um noch besser, stimmiger, effektiver zu werden?

Liebe wahrscheinlich ... Also lassen Sie doch einmal in sich Liebe geschehen und stellen Sie eine Verbindung von Ihrem Herzen zum Herzen Ihrer Gruppe her. Und Ihre Stimmigkeit, Ihre liebevolle Harmonie übertragen Sie jetzt auf die Gruppe ... Spüren Sie einmal, wie etwas geschieht! Nachdem Sie so liebevoll mit der Persönlichkeit der Gruppe verbunden sind, erkennen Sie: Was fehlt der Gruppe noch? Vielleicht *Klarheit* ...
Während weiterhin Liebe geschieht und fließt, schaffen Sie diese Klarheit, kristallklar wie ein Bergsee. Ohne Ihre Liebe zu beenden, gehen Sie jetzt in diese Energie aktiver Klarheit. Sie lassen Klarheit geschehen.
Gehen Sie dann noch einen Schritt weiter! Erheben Sie die Gruppe auf ein höheres *Bewusstseinsnivau* (eine Stufe höher). Sie erheben die anderen zu sich selbst.
Während weiter Liebe geschieht, Klarheit sich noch mehr klärt, erheben Sie das Niveau der Gruppe auf die nächste Stufe.
Sie bleiben multidimensional und fügen noch *Glaube* hinzu. Alles, was Sie unter diesem Wort einordnen (Selbstvertrauen, die eigene Mitte finden, Sicherheit, sich wert fühlen, Souveränität), geben Sie in das Gruppenbewusstsein. Sie sind Schöpfer, Sie bleiben offen, Sie schaffen jetzt diese Energien. Verdichten Sie einmal den Glauben zur Gewissheit: *Ich bin* die eine Kraft. Intuition *ist* mein wahres Wesen. Ich *kann* wahrnehmen. Ich *erkenne,* was kommt. Ich bin eingebettet in die Geborgenheit der Schöpfung. Ich bin die stärkste Kraft und lasse Intuition geschehen.
Es folgt noch eine Prise *Leichtigkeit,* die gar nicht überdosiert werden kann. Stellen Sie zuerst einmal diese Leichtigkeit in sich her. Alles Bemühen, sich anstrengen, Disziplin üben, arbeiten ... wandeln Sie spielerisch um in diese Energie von Leichtigkeit. Intuition geschieht. Es gibt nichts zu tun. Sie müssen nicht daran arbeiten. Es gibt nichts zu arbeiten.

Wahrscheinlich fällt es Ihnen schwer, diese Energie bei sich selbst aufzubauen und in Ihre Gruppe zu schicken (also: überdosieren, noch mehr Leichtigkeit hinein). Werden Sie selber noch leichter, leichtfüßig, leichtsinnig.
Und jetzt geben Sie das, was Sie an Leichtigkeit in sich haben, in Ihre Gruppe.
Und während alles weiter geschieht, nehmen wir jetzt noch einen Schuss *Gelassenheit*. Gehen Sie in die Energie: Ich bin am Ziel (im Bewusstsein, ich habe alles erreicht; ich bin angekommen; ich bin bei Bewusstsein). Ab jetzt spiele ich nur noch; es gibt nichts mehr zu erreichen. Jetzt kommt es darauf an, das Erreichte zu genießen, denn das ist der Sinn des Lebens. Der ganze Sinn des Lebens ist zu leben. So zu leben, dass Sie am Ende sagen können, ich habe wirklich gelebt. *Ich habe gelebt!*
Da sind wir wieder bei der Leichtigkeit, bei der Gelassenheit. Sie entlassen sich aus der Vorstellung, eine Aufgabe in der Schöpfung erfüllen zu müssen, dem Ganzen zu dienen, etwas für die Gesellschaft zu tun, die Welt zu verändern. Sie haben frei! Für die nächste Ewigkeit haben Sie frei! Ab jetzt Urlaub für immer.
Und geben Sie diese Energie in Ihre Gruppe. Vielleicht noch einen Schuss Freude, Heiterkeit, Humor, Wahrheit, Ehrlichkeit, Stimmigkeit, Heiligkeit.
Spüren Sie, wie sich die Energie Ihrer Gruppe verändert. Wahrscheinlich sind Sie die erste Person, die nicht nur die Energie dieser Gruppe bewusst wahrnimmt, sondern durch ihre heilsame Energie auch positiv in die Gruppe einwirkt. So geschieht die notwendige Transformation der Menschheit in der kleinen Gruppe.

Wahrnehmung wahrnehmen

Intuition ist immer da, ist immer erreichbar. Wer normalerweise nicht da ist, sind Sie. Sie sind nicht im Bewusstsein und damit nicht empfangsbereit. Und da Intuition nur dort stattfindet, erreicht Sie Intuition nicht. Aber Sie wissen jetzt einen Weg, wie man zum Bewusstsein kommt und im Bewusstsein bleiben kann.

Doch wenn wir im Bewusstsein sind und Intuition empfangen, braucht es ein bisschen Übung, um zu erkennen was ankommt, das heißt die bewusste Wahrnehmung der Wahrnehmung. Sie nehmen wahr, aber Sie merken es vielleicht nicht; Sie wissen nicht, auf welchem Kanal, oder Sie erhalten eine Botschaft, deren Bedeutung Sie nicht verstehen.

Der Umgang mit der Intuition muss natürlich noch etwas geübt werden. Das setzen wir ab jetzt in die Praxis um. Wichtig ist erst einmal, dass Sie ab sofort jederzeit direkten Zugang zur Intuition haben.

Richten Sie also Ihr Bewusstsein auf einen bestimmten Punkt (eine Situation, eine Frage, einen Umstand) und nehmen wahr, was die Intuition dazu zu sagen hat. Es ist ganz gleich, was Sie wählen: Beruf, Partnerschaft, Gesundheit, die wirtschaftliche Situation. Sie richten Ihr Bewusstsein auf einen Punkt und lassen sich dazu ganz gezielt etwas einfallen. Beispiel: Sie haben ein körperliches Unbehagen, ein Symptom, ein Krankheitsbild. Befragen Sie Ihre Intuition, was der Körper Ihnen damit sagen will.

Formulieren Sie die Frage ganz präzise, gehen Sie in die Gedankenstille und öffnen Sie sich der intuitiven

Antwort auf Ihre Frage. Seien Sie sich bewusst, dass Sie eine Antwort bekommen. Sie wissen nur noch nicht, wie sich diese Antwort „verkleidet" (ein Bild, das in Ihnen aufkommt; eine Geschichte, an die Sie sich plötzlich erinnern; ein störendes Geräusch; eine innere Gewissheit). Seien Sie offen für alles, was Sie jetzt wahrnehmen, auf allen Wahrnehmungskanälen.

Gehen Sie durch die einzelnen Frequenzen und schauen Sie einmal: Was kommt bildhaft, was kommt auf der Gefühlsebene, welche Gefühle tauchen auf? Und Sie können beides gleichzeitig beobachten. Welche Bilder und welche Gefühle tauchen auf? Sie können gleichzeitig prüfen, welche Bilder, welche Gefühle, welche Gedanken auftauchen (Unbedingt gleichzeitig, nicht nacheinander. Das stellt zusätzlich sicher, dass Sie nicht im Verstand sind, denn der kann das nicht.)

Dann sind Sie wirklich bei Bewusstsein, sind multidimensional, und es ist kein Problem, drei oder dreißig Dinge gleichzeitig geschehen zu lassen.

Sie haben einen Punkt, eine Situation, eine Frage im Bewusstsein und schauen auf die verschiedenen Frequenzen, was die Intuition dazu sagt, welche Antwort kommt, welche Lösung.

Das ist der Weg, Intuition geschehen zu lassen. Und wenn Sie eine Botschaft erkannt, eine Antwort bekommen, eine Lösung gefunden haben, können Sie sich sofort einer anderen Situation zuwenden.

Sobald Sie geübt sind, erkennen Sie: Im gleichen Augenblick, in dem Sie Ihr Bewusstsein auf einen anderen Punkt richten, ist die Antwort schon da. Denken Sie dabei an das Bild vom Faxgerät; (auf der einen Seite geht etwas rein, auf der anderen Seite kommt es schon raus, über jede beliebige Entfernung). Das heißt, das Faxgerät ist Ihr Bewusstsein, Sie geben eine Frage, eine Situation ein und während Sie noch oben die Frage eingeben, beginnt unten schon die Antwort zu erscheinen.

Intuition braucht keine Zeit. Es geschieht immer sofort. Wenn es nicht sofort geschieht, ist der Empfang noch gestört, sind Sie noch nicht klar im Bewusstsein.

Die einzige Zeit, die es brauchen kann, ist die Zeit, eine Feinabstimmung im Bewusstsein vorzunehmen, bis Sie wirklich auf Empfang sind. Dann geschieht es wieder sofort. Jetzt bleiben Sie in diesem Bewusstsein. Und das ist gleichzeitig der nächste Schritt. Worauf es jetzt ankommt, ist dafür zu sorgen, in diesem Bewusstsein zu bleiben, auf Empfang zu bleiben, ständig auf Empfang zu leben. Das ist natürlich eine meisterhafte Lebensführung!

Und dazu brauchen wir vielleicht weitere Techniken, Hilfen, Wege.

Das A und O für ein Leben in der Intuition ist das Leben im erwachten Bewusstsein. Sie werden es feststellen (oder haben es bereits festgestellt): Es ist wie ein Erwachen – als ob sich ein Nebelschleier legt und Sie das erste Mal einen strahlend blauen Himmel und eine wärmende Sonne erleben würden. Ein anderes Wort für diesen Zustand ist Erleuchtung. Die Sonne geht in Ihrem Leben auf. Sie leben als Sonnenkind in der Sonne. Bisher dachten Sie, Sie seien ein hässliches Entlein, eine armselige Raupe. Im Schein des Lichtes erkennen Sie sich als stolzen Schwan, und der Schmetterling sprengt seinen Raupenkokon und erhebt sich in seiner ganzen Leichtigkeit in die Lüfte. Die prächtigen Farben seiner Flügel sind ein Dankgebet an die Sonne.

Diesen Zustand kann man nicht machen, nicht erzwingen, nicht unter Druck herbeiführen, nicht beherrschen. Diese „bewährten" Methoden versagen (Gott sei Dank!). Den natürlichen Zustand der Erleuchtung, der

Bewusstheit, der Intuition kann man nur geschehen lassen, indem man sich für ihn öffnet, empfänglich wird.

Er kommt wie ein unerwarteter Besuch. Und doch kann man sich auch auf unerwarteten Besuch vorbereiten und durch Gastfreundlichkeit sozusagen einladen.

Ich möchte Ihnen noch weitere Übungen vorstellen, die die Intuition einladen.

Es gibt sogar für ein *Ich* einige Wege, sicher in Verbindung mit der Intuition zu kommen. Vielleicht haben Sie mit den bisherigen Übungen bereits einen Weg gefunden, wie Sie ganz sicher zu Bewusstsein kommen können, aber vielleicht fällt es Ihnen noch schwer, diesen Zustand zu halten. Das geht so lange, bis Sie irgendwann wieder einmal zu Bewusstsein kommen wollen und merken: Ich bin ja immer noch drin! Dann haben Sie es geschafft.

Für den Fall, dass Sie mit anderen Methoden Ihre Intuition einladen und damit experimentieren wollen, finden Sie hier weitere Möglichkeiten.

Übung 7: Vom Ich zum Bewusstsein

1. Atemkonzentration

Wir haben festgestellt, dass Intuition uns normalerweise nicht erreicht, weil wir ständig damit beschäftigt sind zu denken. Und solange wir denken ist die Leitung besetzt. Da wir nur eine Leitung haben (der Verstand hat zumindest nur eine), kann uns Intuition nicht erreichen.

Das wäre, als ob Sie unterwegs sind und ganz dringend zu Hause anrufen müssen, doch die Kinder telefonieren. Sie versuchen es alle drei Minuten, aber Sie kommen nicht durch, es ist ewig besetzt.

Wir müssen also einen Weg finden, gezielt immer wieder einmal die Leitung frei zu machen. Und das geschieht, wenn wir Gedankenstille herstellen. Das können wir auch, wenn wir nicht im Bewusstsein sind. Versuchen Sie es jetzt einmal.

Um Gedankenstille herstellen zu können, konzentrieren wir zunächst einmal die Vielfalt unserer Gedanken auf einen einzigen. Dazu gibt es mehrere Möglichkeiten. Etwas Naheliegendes, das viele Mysterienschulen verwenden, ist: Ich beobachte meinen Atem.

Lassen Sie einmal alles andere los. Lassen Sie alles los, alles ist jetzt unwichtig. Sie machen sich einmal bewusst, wie Sie atmen. Nichts verändern, nichts verbessern, nicht tiefer atmen, das ist unwichtig. Sie lassen alles los und beobachten Ihren Atem. Ich, der Beobachter, schaue auf meinen Atem.

Und wenn ich mir meines Atems bewusst bin, kann ich behutsam eingreifen. Ich lasse meinen Atem tiefer werden. Atme in die Tiefe nach unten; mit jedem Atemzug – ganz behutsam – etwas tiefer.

Jetzt beeinflusse ich meinen Atem nicht mehr, schaue wieder nur zu, beobachte meinen Atem, lasse das Eingreifen los, lasse den Atem einfach geschehen, werde eins mit meinem Atem. Es gibt nichts anderes als meinen Atem. Und dann lasse ich meinen Atem los. ... Bin ich in der Gedankenstille, lasse ich auch den Gedanken los, dass ich die Gedanken loslasse. ...
Als letzten Schritt lasse ich die Gedankenstille los, auch die interessiert nicht mehr. Ich habe meinen Atem losgelassen, jetzt lasse ich die Gedankenstille los. Es gibt nur noch den Beobachter, aber nichts wird beobachtet. Und ich bin in der Gedankenstille.
Wenn Sie jetzt irgendeinen Gedanken denken (zum Beispiel: „Das klappt ja ganz gut und geht viel einfacher, als ich dachte"), dann lassen Sie diesen Gedanken wieder ganz behutsam los und kehren in die Gedankenstille zurück. Wenn Sie Gedankenstille erreicht haben, denken Sie wieder einen Gedanken – und sei es nur, „Ich lasse jetzt alle Gedanken wieder zu" – und kehren wieder zurück in die Gedankenstille, indem Sie auch diesen Gedanken loslassen.

2. Eine Fantasiereise

Versetzen Sie sich doch einmal in Ihrer Vorstellung auf eine Wiese – eine, die Sie kennen, oder eine imaginäre. Sie stellen sich eine Wiese vor, suchen sich dort einen schönen Platz und machen es sich ganz bequem. Sie legen sich ins weiche Gras und schauen den Wolken zu, wie sie ganz leise, langsam, ruhig, majestätisch am Himmel dahinziehen.
Sie lassen alles andere los, beobachten nur noch die Wolken. Lassen alle anderen Wolken los und schauen nur noch auf eine Wolke. Lassen auch diese eine Wolke los, schauen an ihr vorbei in den blauen Himmel, ins *Nichts,* und sind wieder in der Gedankenstille.

Wenden Sie sich erneut einem bestimmten Gedanken zu. Sie denken etwas und lassen es wieder los, kehren zurück in die Gedankenstille. Und in dieser Gedankenstille betrachten Sie jetzt eine Frage oder Situation, für die Sie eine Intuition brauchen, und Sie werden erkennen: In dieser Gedankenstille erreicht Sie Intuition. Sie können so auch im Ich-Bewusstsein über die Gedankenstille zur Intuition kommen.
Wenn Sie Ihre Antwort haben, dann machen Sie Ihre Augen wieder auf, aber bleiben Sie einmal so lange Sie können mit offenen Augen in der Gedankenstille. (Sie werden feststellen, dass auch das funktioniert).

3. Die Spirale

Ein anderer Weg ist die Spirale. Nehmen Sie ein Blatt Papier und zeichnen Sie eine Spirale (sie sollte sieben Windungen haben; es schadet nicht, wenn es acht werden, aber sechs ist ein bisschen dünn). Die Spirale muss nicht das ganze Blatt ausfüllen und kann ruhig auch etwas wackelig werden – es spielt keine Rolle.
Prüfen Sie einmal, ob Sie Ihre Spirale links oder rechts herum zeichnen (Damit wissen Sie, welche Seite in Ihrem Leben im Moment betont ist.) Fangen Sie innen oder außen an? Viele Menschen beginnen eine solche Spirale von außen nach innen. Wenn Sie jedoch in Ihrer Mitte sind, ist es ganz natürlich, dass Sie innen, aus der Mitte, anfangen.

Wir brauchen jetzt die Spirale zum Training. Schauen Sie sich die Spirale einmal ein paar Minuten an (nicht mit starrem Blick, Sie dürfen blinzeln, aber bleiben Sie dabei). Der Blick kann auch unscharf werden und scheinbar durch die Spirale hindurch gehen – es spielt alles keine Rolle; Sie halten Ihr Bewusstsein nur minutenlang auf die Spirale gerichtet. Ein paar Sekunden macht der Verstand noch mit – er nennt das Konzentration – aber wenn es dann länger als 10 Sekunden dauert, dann wird er ungeduldig und fängt an zu argumentieren: Was soll denn das? Das bringt doch nichts! Das habe ich doch jetzt gesehen! Kümmern Sie sich nicht darum, was Ihr Verstand sagt, aber schauen Sie auf die Spirale.

Eine Weile passiert gar nichts, aber dann fangen die Linien auf einmal an, Wellen zu bekommen (da flitzt etwas herum, es gibt scharfe und unscharfe Bereiche). Sobald Sie darauf achten, verschwindet es. Also nicht darauf achten, sondern geschehen lassen.

Irgendwann geschieht das, worauf es ankommt: Ihr Bewusstsein verändert sich – es wird scheinbar eng, es konzentriert sich wie der Gesichtskreis auf die Spirale. Scheinbar wird das Bewusstsein durch die nach innen gerichtete Spirale eng, doch Sie gehen durch die Spirale hindurch und sind in der Unendlichkeit.

Und jenseits der Spirale ist das Universum. So wird die Spirale zum Tor der Unendlichkeit. Sie gehen einfach durch. Lassen Sie noch zwei bis drei Minuten dieses immer weiter werdende Bewusstsein geschehen.

Sie nehmen die Spirale als Tor und gehen hindurch in die Grenzenlosigkeit. Schauen Sie auf der anderen Seite, wie weit Sie kommen. Weit heißt nicht, wie der Verstand es sagen würde, weit – linear, geradeaus – sondern weit in alle Richtungen.

Sie gehen also durch dieses Tor in alle Richtungen und Dimensionen gleichzeitig. Sie füllen mit Ihrem Bewusstsein den Raum jenseits der Spirale ganz aus.
Jetzt sollten Sie in Kontakt mit der Intuition sein. Also richten Sie Ihr Bewusstsein wieder auf eine Frage. Sie bleiben jenseits der Spirale in der Unendlichkeit des Raumes, den Sie mit Ihrem Bewusstsein ausfüllen. Sie nehmen eine Frage, eine Aufgabe oder eine Situation in Ihr Bewusstsein und lauschen nach innen, was Ihre Intuition dazu sagt.
Und wieder prüfen Sie, was Ihre bevorzugte Frequenz beim Empfang der Intuition ist. Ist es ein Bild, ein Symbol, ein Gefühl, ein Wort oder eine innere Gewissheit.
Sie werden feststellen, dass Sie eine Lieblingsfrequenz haben, auf der es Ihnen leicht fällt, Intuition wahrzunehmen.
Jetzt kommt es darauf an, wie Sie damit umgehen. Die meisten Menschen neigen dazu, auf dieser einen Frequenz zu empfangen (es funktioniert sehr schnell, immer klarer, immer leichter), doch mit der Zeit sollten Sie die anderen Frequenzen aktivieren, eine nach der anderen.
Wenn Sie also die Botschaft auf einer Frequenz empfangen haben, nehmen Sie doch danach einmal die gleiche Botschaft auf einer anderen Frequenz entgegen. Haben Sie ein Bild bekommen, dann spüren Sie einmal hin: Welches Gefühl ruft dieses Bild hervor? Sie werden sehen, da ist ein Gefühl. Sie haben es nur noch nicht beachtet, weil das Bild deutlicher war (im Vordergrund stand). Doch jetzt konzentrieren Sie sich ganz auf das Gefühl und nehmen einmal Bild und Gefühl gleichzeitig wahr.

Nehmen Sie dann eine weitere Frequenz hinzu: Welcher Gedanke taucht dabei auf, wenn Sie dieses Bild, dieses Gefühl wahrnehmen?
Sie bekommen eine holistische Intuition, die auf allen Frequenzen gleichzeitig wahrgenommen wird. Zusätzlich könnten Sie sich fragen: Welches Symbol erscheint bei dieser Botschaft? (Sie betrachten die Symbolebene).
Nehmen Sie alle Bereiche gleichzeitig wahr – ist es anstrengend, dann ist Ihr *Ich* beteiligt und Sie tun etwas, was Ihr Ich überfordert. (Dann lassen Sie das Tun los!) Stellen Sie sich vor, Ihr *Ich* (Ihre Persönlichkeit) liegt im Liegestuhl in der Sonne, und Sie schauen einfach nur auf die Intuition.
Lassen Sie ruhig einmal los und machen die Augen auf, aber bleiben Sie bei Bewusstsein.
Eigentlich ist es wie aufwachen und wieder einschlafen. Aufwachen heißt, ich komme zu Bewusstsein, nehme mich wahr, nehme Intuition wahr; wenn ich will, ziehe ich mich wieder ins Ich zurück, bin auf der anderen Seite der Spirale wieder ich selbst. Ich habe einen Durchgang in die andere Welt – ohne Mühe, Disziplin, Arbeit an mir selbst, Beharrlichkeit. All die Dinge, die auf der Ich-Ebene Tugenden sind, sind dort drüben Albernheiten und werden einfach nicht gebraucht.
Wie wollen Sie als Bewusstsein beharrlich oder tolerant sein? Es hört einfach auf, es hat keine Bedeutung mehr.

4. Einem Ton folgen

Unsere vierte Methode, vom Ich ins Bewusstsein zu kommen, ist, einen bestimmten Ton wahrzunehmen. Ein wunderbares Hilfsmittel ist ein Gong oder eine tibetanische Klangschale. (Vielleicht legen Sie sich so etwas zu.) Sollten Sie jetzt kein Hilfsmittel zur Verfügung haben, imaginieren Sie den tiefen Klang eines Gongs, einer Klangschale. Der Ton erklingt und wird immer leiser, irgendwann ist nichts mehr zu vernehmen. Doch Sie hören ihn noch lange, auch wenn Sie ihn mit den Ohren nicht mehr wahrnehmen; Sie hören ihn noch geistig, nehmen seine Energie wahr. Und wenn Sie mit dem Ton mitgehen, geschieht das Gleiche wie mit der Spirale. Sie gehen nur statt mit den Augen mit den Ohren hinüber in die andere Welt.

So wie die Spirale verschwindet, wenn Sie in der anderen Dimension sind, so verschwindet der Ton.

Sie können nach dem Anschlag des Tons zwangsläufig irgendwann nichts mehr hören. Also lauschen Sie immer mehr, und das Lauschen geht in energetische Wahrnehmung über. Sie nehmen den Ton energetisch wahr. Vielleicht bleibt er sogar! Dann sind Sie aber im nichtmateriellen Bereich, dann sind Sie auf der anderen Seite.

Sie können mit einem Ton in die andere Ebene, Sphäre, Dimension (wie immer Sie es ausdrücken wollen) hinübergehen.

Dies ist ein weiterer Weg durch die Tür des Augenblicks in die Zeitlosigkeit, und Sie spüren in diesem Augenblick ist Zeitlosigkeit. Sie sind alterslos, zeitlos. Da ist nur noch *Sein*. Sie können jederzeit eintreten, Ihre Mitte finden.

Die Tür des Augenblicks ist immer geöffnet. Es ist nur ein Schritt und Sie sind in der Wirklichkeit.

5. Im Herzen sein

Unser fünfter Weg, den ich Ihnen zum Training empfehle, ist der Weg des Herzens.
Hören Sie auf Ihr Herz! Spüren Sie, dass Ihr Herz schlägt, schenken Sie ihm Aufmerksamkeit und Beachtung. Es ist wie das Ticken einer Wanduhr in den eigenen Wohnräumen: Man hört es nicht mehr, bis man wieder darauf achtet, bis man wieder nach innen lauscht. Mit Ihrem Herzschlag verhält es sich genauso. Sie hören ihn normalerweise nicht. Sie wissen, dass es schlägt, aber Sie spüren es nicht – doch Sie können es jederzeit spüren und hören.
Also spüren und hören Sie einmal Ihr Herz. Und dann fühlen Sie es geistig. Spüren Sie einmal die Energie Ihres Herzens. Wenn Sie viel vom Kopf aus leben, wird es ungewohnt sein, das Herz als Lebenszentrum zu empfinden, aber um so wichtiger.
Fühlen Sie sich ganz in Ihr Herz ein. Wenn Sie wollen, verschmelzen Sie ganz im Bewusstsein mit Ihrem Herzen und gehen Sie so den Weg der Liebe. Sie werden ganz zur Liebe. Und im gleichen Augenblick bekommt Ihr Leben eine andere Qualität. Sie leben vom Herzen aus.
Bleiben Sie in dieser Energie, während Sie weiterlesen. Wenn Sie jetzt bei Bewusstsein sind und in der Energie des Herzens, dann sind Sie angekommen im liebevollen Bewusstsein. Das tut sehr gut und heilt. Es heilt nicht nur Sie, sondern auch Ihre Umgebung.
Und dann spüren sie erst, was Sie sich bisher vorenthalten haben, was jederzeit da ist. Und wenn wieder einmal der Verstand zu sehr präsent ist, wenn Sie also aus dem Kopf leben, dann können Sie diesen Weg des Herzens gehen.

6. Koan

Ein Koan ist ein Weg, den Geist über den Geist zu überschreiten. Das heißt, Sie geben Ihrem Verstand einen mentalen, paradoxen Inhalt, den er nicht erfassen kann.

Ein Beispiel für einen Koan: *Was ist, kann nicht sein, sonst wäre es ja nicht.*

Geben Sie diesen Koan einmal Ihrem Verstand zum Begreifen. Er fängt zunächst an, ihn logisch zu zerpflücken: Moment! Das kann nicht sein ... So geht es nicht ... Wenn etwas ist, dann ist es ja, dann kann es nicht sein. Außerdem wäre das ja kein Beweis ... Mit dem Verstand geht es also nicht!

Der Koan beschreibt die Wirklichkeit. Wenn etwas ist, ist es nicht, sonst wäre es ja nicht. Es ist nur, weil es nicht ist. Nur weil es nicht ist, kann es sein.

Wir brauchen es nicht zu verstehen, wenn wir uns bewusst machen: Das ganze Universum, die unendlich vielen Schicksale, Einzelschicksale, Schicksale von Völkern, die Geschichte, die Entwicklung, der Urknall, die 20 Milliarden Geschehen und alle Zukunft, die vor uns liegt, die Erfindungen, Freude und Leid – alles ist nur ein Film. Alles hat in Wirklichkeit nie stattgefunden, es geschieht gar nichts.

In Wirklichkeit sind das alles Lichtspiele, und zwar im wahrsten Sinne des Wortes. Das Licht, die eine Kraft, spielt mit sich selbst – ein Lichtspieltheater.

Die ganze Welt ist ein Theater, die Leinwand aber bleibt die ganze Zeit leer. Wenn wir einen erschütternden Film sehen, vergessen wir die Welt (wir haben keinen Körper mehr); wir tauchen ein in die Handlung, lassen uns mitreißen und bewegen. Das Licht geht am Ende des Films wieder an, der Film ist zu Ende. Wir sind noch unfähig zu gehen, aber wir wissen:

Auf der Leinwand war die ganze Zeit nichts. Da waren nur bunte Lichter. All das findet nur als Gedanke statt, in der Fantasie.
Wenn ich mir das bewusst mache, dann erkenne ich natürlich auch wieder einen Sinn in dem Koan: Was ist, kann nicht sein, sonst wäre es ja nicht.
Also das, was ich da sehe, ist nicht Wirklichkeit, sonst wäre es ja nicht der Film. Dann bekommt der Koan wieder einen Sinn. Aber zunächst einmal hilft Ihnen dieser Weg, den Verstand zu überschreiten, wenn Sie erst gar keinen Sinn suchen.

Von der Persönlichkeit zum Wesen

Wir werden jetzt das Thema vertiefen, das wir schon angesprochen haben: Durch den Schritt ins Bewusstsein lassen wir unsere Persönlichkeit los. Wir werden jetzt lernen, dass Sie nicht nur Ihre Persönlichkeit, sondern auch Ihr Wesen energetisch wahrnehmen können.

Also gehen wir jetzt noch einmal ganz bewusst auf die Ebene der Persönlichkeit. Sie denken in Eigenschaften und nehmen wahr, welche Eigenschaften Sie haben. Vollziehen Sie dies bitte jetzt: Beschreiben Sie sich, Ihre hauptsächlichen drei Eigenschaften in drei Worten! Machen Sie sich so einmal Ihre Hauptenergien bewusst. Ist das dynamisch, zielstrebig, erfolgreich? Oder sind Sie geduldig, liebevoll, hingebend? Wie würden Sie sich beschreiben?

Machen Sie sich bitte jetzt einmal Gedanken, ob Sie sich auch in jungen Jahren – z. B. in der Pubertät – so beschrieben hätten. Wie würden Sie sich in diesem Reifestadium Ihrer Persönlichkeit beschreiben? Unsicher, suchend, ängstlich?

Jetzt blicken wir einmal hinter die Persönlichkeit auf Ihr Wesen. Das Wesen ist die Grundstruktur Ihres Seins, die Sie nicht verändern können. Sie können Ihre Persönlichkeit ändern – von Inkarnation zur Inkarnation benutzen Sie eine andere Persönlichkeit. Aber Sie gehen durch alle Ewigkeit mit einer bestimmten Grundstruktur. Mit dem, was für Sie wesentlich ist.

Um Ihnen deutlicher zu machen, was ich meine: Meine Grundstruktur ist die des Magiers, der Magier aus dem Tarot. Der, der alle Dinge nimmt und schöpferisch damit umgeht, sie wandelt – der Schöpfer. Ich kann mich nicht dazu entschließen, irgendwelche Dinge unverändert zu lassen, wenn sie mich angehen. Das Rundherum kann bleiben, wie es ist. Aber wenn es mich angeht, trete ich in Resonanz und fange an zu verändern, zu gestalten, zu formen, zu tun. Diese bleibt von Inkarnation zu Inkarnation (ich war im letzten Leben Bauer und davor Marquis in Frankreich). Ich war alles Mögliche, aber dieses Wesen hat mich durch alle Inkarnationen begleitet. Das ist nicht nur bei mir so, sondern bei jedem.

Nehmen Sie jetzt einmal Ihr eigenes Wesen wahr. Was ist für Sie die Grundstruktur Ihres Seins – egal in welcher Rolle Sie sind, in welchem Alter, in welchem Körper, ob männlich oder weiblich –, das, was bei Ihnen immer wieder in Erscheinung tritt.

Da gibt es zum Beispiel den Kritiker. Egal, was er anschaut, in welcher Rolle er ist, in welchem Alter, er sagt immer: „Ja, aber …“, findet immer das Haar in der Suppe. Der andere findet die Suppe, er findet das Haar. Und beide haben Recht! Natürlich ist beides da!

Ein Wesen hat normalerweise nicht nur einen Charakterzug. Es hat mehrere wesentliche Teile. Was Sie bei sich als wesentlich empfinden, von dem Sie spüren, das bin ich nun mal, so gehe ich durch die Zeiten, durch die Rollen.

Wenn es Ihnen hilft, vielleicht finden Sie in den Tarot-Karten auch Ihr Wesen – die Figur, die Sie seit Inkarnationen begleitet und immer ein anderes Spiel spielt. Tarot-Karten könnten Ihnen Hinweise geben, wenn Sie Ihr Wesen nicht unmittelbar energetisch wahrnehmen können, sondern die Resonanz mit einer Karte, einem Symbol brauchen.

Wie nehmen Sie Ihre Hauptenergie wahr – das Wesentliche, energetisch, intuitiv?

Was ist das Wesentliche an Ihrer Grundenergie? Sind Sie Schöpfer, Hexe, Magier, Schamanin, der Macher? Wie sieht es bei Ihnen aus? Was empfinden Sie als die wesentliche, über dieses Leben hinausgehende Eigenschaft?

Halten Sie Ihren Blick auf Ihr Wesen gerichtet. Wenn Ihnen verschiedene Eigenschaften einfallen, sind das alles schon Äußerungen der Grundenergie, aber noch nicht die Grundenergie selbst. Was für eine Energie steckt hinter diesen Eigenschaften, die sich Ihnen jetzt darbieten?

Ich will Ihnen wieder das Beispiel einer Antwort geben, d.h. eine sprachliche Äußerung für die Empfindung der Grundenergie: „Ich muss mich immer frei fühlen, mir Freiräume schaffen."

Das empfinden viele Menschen so – ich gehörte auch dazu. Mir war Freiheit immer das Wichtigste, und sobald jemand anfing mich einzuengen, begann ich schon mit den Muskeln zu spielen.

Bis ich irgendwann erkannt habe: Der Einzige, der mich unfrei machen kann, bin ich selbst. Es kann mir ja niemand meine Freiheit nehmen. Es hat nicht einmal jemand die Macht, sie einzugrenzen oder nur ein bisschen zu schmälern. Das geht nicht!

Und dann fand ich ein Zitat: Der gefangene Vogel träumt immer vom Fliegen, der freie fliegt. Er denkt nicht darüber nach. Er kennt Freiheit nicht, weil er auch Unfreiheit nicht kennt. Nur der gefangene Vogel philosophiert über Freiheit. Das heißt, solange Freiheit für Sie eine Rolle spielt, sind Sie nicht frei! Sobald Sie frei sind, interessiert Sie Freiheit nicht mehr. Sie ist einfach so selbstverständlich da, dass Sie darüber gar nicht einmal reden können, es fällt einem gar nicht ein. Wenn Sie also „Freiheitsdrang" als Ihr Wesen empfinden, dann fragen

Sie sich: Womit begrenze ich mich? Warum tue ich mir das an? Wieso kann ich mich jetzt nicht entlassen?

Damit sind wir bei dem nächsten wesentlichen Schritt, nämlich unterscheiden zu können: Bin ich wirklich bei meiner Wesensenergie angekommen oder erst bei der Äußerung meines Wesens? (Denn die Äußerung meines Wesens ist schon wieder die Grundstruktur meiner aktuellen Persönlichkeit, Phase meiner Persönlichkeitsentfaltung.)

Fragen Sie sich einmal: Bin ich bei meinem Wesen angekommen? Dann überlegen Sie: Wie sähe denn mein Leben aus, wenn ich wesentlich lebe? Wenn ich einfach unmittelbar das Wesen, das ich bin, zum Ausdruck bringe? Bin ich dann immer noch ein Freiheitsdenker?

Versuchen Sie das wirklich zu erspüren: Ihren Wesenskern, Ihr wahres *Sein.* Vielleicht können Sie es gar nicht in Worten ausdrücken, sondern nur energetisch erfassen. (Sie spüren: Aha, so bin ich wirklich!).

Ein weiteres Beispiel, wie so ein Gefühl sprachlich geäußert werden könnte: „Wenn ich wesentlich lebe, so wie ich bin, dann bin ich ununterbrochen fließende Energie."

Wir sind schon sehr nahe im Wesen, haben mit unserer Grundstruktur Kontakt aufgenommen, schwingen in der Energie des *Ich Bin.*

Und dann brauchen wir nur noch einen Schritt zu tun und erkennen auch das hinter dem Wesen, das, dessen Wesen es ist, was wir gerade anschauen: Es ist *niemand.* Es ist das *Nichts,* die Leinwand, die Leere, die Wirklichkeit, die Quelle, wie immer Sie es nennen wollen. Es ist das, das ins *Sein* tritt, das dieses Wesen annimmt, das sich so ausdrückt und dann weiter als Ausdruck diese Persönlichkeit annimmt und damit diese Eigenschaften und als Wirkung diese Verhaltensweisen hat.

Wenn wir den Überblick haben, können wir bei der Meditation erkennen, auf welcher Ebene ich wahrnehme. Dann kommen die unterschiedlichen Wahrnehmungsqualitäten nicht durcheinander: Wesen – Eigenschaften – Persönlichkeitsstruktur – Verhaltensweisen – Gedanken. Dann nehme ich auch wahr (ohne nachdenken zu müssen), was wohin gehört. Ich nehme wahr, auf welcher Ebene ich mich hauptsächlich aufhalte: Im *Ego* in der konditionierten Persönlichkeit oder als *Selbst* im Wesen?

Ich erlebe auch die Hierarchie des anderen: Aus welcher Ebene äußert er sich, kann ich den anderen bewusst auf einer anderen Ebene ansprechen, also sein Wesen ansprechen?

Ich bin Schöpfer

Machen Sie sich bewusst: Solange Sie in der Vollmacht sind, können Sie abrufen, was immer Sie wollen. Es gibt dabei nichts in der materiellen Welt zu tun! Sie sind Schöpfer. Sie lassen die Dinge, die Sie wollen, durch die Kraft Ihres Geistes in der materiellen Welt in Erscheinung treten.

In der Bibel heißt es in der Schöpfungsgeschichte: „Und er ruft das, was nicht ist, ins Dasein."

Das ist genau der Vorgang. Wenn Sie in der Vollmacht sind, gibt es nichts zu tun, also lassen Sie es einfach geschehen. Wenn Sie in der Leichtigkeit sind, machen Sie von Ihrem geistigen Erbe weiterhin Gebrauch und rufen Sie etwas, was Sie gerne in Ihrem Leben hätten, jetzt in Erscheinung.

Machen Sie sich bewusst: Dort drüben, jenseits der Spirale, hinter der Tür des Augenblicks, da ist die Fülle. Alles, was je sein wird und je war, wartet dort, gehört Ihnen, kann von Ihnen in Besitz genommen werden

(Besitz nicht im Sinne des Bürgerlichen Gesetzbuches, sondern als etwas, das mir als „Pflegeobjekt“ anvertraut ist). Und Sie entscheiden selbst, was Sie davon jetzt auf dieser Seite in Erscheinung treten lassen, in der Materie, in den äußeren Dingen der so genannten Realität.

Sie erkennen jetzt, dass in Wirklichkeit die Realität ganz anders ist. *Sie* bestimmen die Realität. Trauen Sie sich doch einmal etwas Vermessenes, etwas Ausgefallenes in Ihr Leben zu rufen.

Okay, Ihr skeptischer Blick beim Lesen verrät mir, dass Sie Erfahrungen brauchen. Erfahrungen kommen durch Erlebnisse.

Also rufen Sie jetzt etwas ganz Ausgefallenes in Ihr Leben, z. B. einen rosa Elefanten, einen goldenen Kugelschreiber oder ein bordeauxroter Rolls-Royce mit goldenen Griffen und magnoliafarbenem Leder.

Ihr Verstand wehrt sich, ich weiß. Ihm rollen sich dabei die Fingernägel auf, weil er sagt: Das gibt es auf der ganzen Welt nicht und wenn, dann ist es unbezahlbar! Lassen Sie sich nicht in die Grenzen Ihres Verstandes zwängen. Gestatten Sie Ihrer Fantasie einfach einmal, irgendetwas Ausgefallenes, Vermessenes ins Dasein zu rufen.

Das heißt nicht, dass morgen früh dieser bordeauxrote Rolls-Royce unbedingt vor Ihrer Türe stehen muss. Aber es heißt – absolut zuverlässig –, dass innerhalb ganz kurzer Zeit das Gerufene in Ihr Blickfeld treten wird. Ganz kurze Zeit heißt vielleicht zwei bis drei Tage, so lange Sie noch ungeübt sind. Geübte brauchen zwei bis drei Stunden, und wenn sie sehr gut sind, geht es noch schneller. Dann tritt das, was Sie in Erscheinung gerufen haben, unmittelbar ein.

Möglicherweise sitzen Sie beim Friseur und blättern dort in einer Zeitung. Plötzlich sehen Sie einen bordeauxroten Rolls-Royce mit den goldenen Griffen. Es kann auch sein, dass Sie beim Radiohören oder Fernsehen an Ihre Vorstellung erinnert werden (sei es als Wort, Bild oder Idee). Es kommt genau auf den gleichen bevorzugten Frequenzen wie Ihre Intuition, aber es kommt unmissverständlich.

Das heißt, Sie haben vielleicht in Ihrem ganzen Leben noch keinen rosa Elefanten gesehen. Und Sie wissen, das kann auch zufällig nicht passieren, dass ein solches Fantasiegebilde mir den Rest meines Lebens begegnet. Das ist einfach absolut unwahrscheinlich, damit kann ich nicht rechnen, und das soll dann auch noch innerhalb von drei Tagen passieren! Also, das ist – sagt der Verstand – ganz unmöglich!

Einc solchc Erfahrung sollten Sie einmal schaffen, damit Sie wissen, was es heißt: Ich bin ein Schöpfer! Sie können etwas schaffen, was es noch nie gegeben hat, und es tritt in Erscheinung. Ihr Verstand wird dann – ich sage es Ihnen voraus – rebellieren und sagen: „Also gut, Glück gehabt! Kann ja mal passieren! Wir hatten ja schon einmal Glück, und das war auch nicht sehr wahrscheinlich."

Und dann probieren Sie das gleich noch einmal, mit etwas ganz anderem – noch ausgefallener, noch vermessener.

Die einzige Voraussetzung ist, ich wiederhole mich, Sie sollten es glauben können. Wenn Sie also etwas in Erscheinung rufen wollen mit dem Vorsatz: „Das kann gar nicht funktionieren. Ich will nur dem Tepperwein einmal beweisen, dass es nicht gehen kann." Dann werden Sie Recht behalten, aber haben mir dadurch gar nichts bewiesen – höchstens, dass ein Schöpfer sich nicht selbst austricksen kann. Glauben Sie es und es wird geschehen!

Das Leben findet einen Weg. Wenn ein Schöpfer das Wort spricht, muss das Leben gehorchen.

Wählen Sie etwas Unmögliches, etwas Vermessenes, was Sie gerade noch glauben können. Das Leben kann zwar auch etwas in Erscheinung rufen, was Sie nicht glauben können, aber Sie verhindern es, wenn Sie es nicht glauben. Und so erweitern Sie ständig die Grenze Ihres Glaubens, weil Sie erkennen: Das ist ja unglaublich! Es ist unglaublich, dass das jetzt passiert!

Seien Sie sich im Klaren, was es heißt: *Ich bin ein Schöpfer.* Es bedeutet nicht mehr und nicht weniger als: Alles ist mir jetzt möglich. Es gibt keine Grenzen.

Das Genie wecken

Wenn wir uns die Intuition aneignen, entfalten wir uns immer weiter auf immer höhere Ebene. Ein anderer Aspekt in diesem Zusammenhang ist die Genialität.

Die Intuition in uns zu wecken heißt auch, das Genie in uns zu wecken, das bedeutet: Genialität ist nicht wenigen Auserwählten vorbehalten. Es ist auch nicht notwendig, sie zu erlernen (man kann sie gar nicht erlernen), an seine Genialität braucht man sich nur zu erinnern.

Genialität besteht aus zwei Vorgängen: Der erste Vorgang ist die innere Erfahrung. Ich erkenne mich als Schöpfer, erkenne die Grenzenlosigkeit meiner Möglichkeiten und stehe vor meinem geistigen Erbe der Fülle. Der zweite Vorgang ist das Hinaustragen dieser Erfahrung, der Wahrheit, der Wirklichkeit in die Welt; das Anwenden der Genialität im Alltag, im Management, im Haushalt. Gehen Sie dort nicht wieder in die Grenzen des Verstandes und in das übliche Verhalten.

Nehmen wir wieder ein verständnisvolles Beispiel: Sie können Ihrer Genialität gestatten, dass Sie immer zur rechten Zeit am rechten Ort sind – und es geschieht! Sie brauchen nicht mehr auf die Uhr zu schauen.

Die gegenteilige Erfahrung hat doch jeder von uns schon gemacht! Sie schauen auf die Uhr und stellen erschrocken fest, dass Sie vor 20 Minuten schon an einem anderen Ort hätten sein sollen! Sie hetzen mit schlechtem Gewissen zum vereinbarten Treffpunkt mit 50 Minuten Verspätung ... doch der andere ist auch noch nicht da! Genau vier Minuten später kommt er und entschuldigt sich, dass er zu spät gekommen ist. Die vier Minuten (rechnen Sie schnell aus) hätten ausgereicht, um ganz in Ruhe zu dem vereinbarten Ort zu gehen. Sie hätten sich gar nicht zu beeilen brauchen, aber der Verstand sagt: Ich bin sowieso schon 20 Minuten zu spät, dann muss ich mich ja wenigstens beeilen.

Sie merken schon: Wenn Sie in der Genialität sind, fließen die Dinge. Es kommt vor, dass Sie zu einer Verabredung nicht hingehen, und Sie wundern sich, warum Sie das machen. Irgendetwas hält Sie ab. Bis der andere Sie dann anruft: „Tut mir sehr Leid, ich konnte nicht kommen ... endloser Stau ... Terminverschiebung."

Oder Sie wählen einen neuen Weg auf dem Weg zur Arbeit. Sie fahren immer durch die Weberstraße, aber heute nehmen Sie die Carl-Otto-Straße und denken: Was ist denn jetzt? Wer steuert denn hier mein Auto? Und dann hören Sie vielleicht im Radio, dass die andere Straße gesperrt ist.

Gestatten Sie Ihrer Genialität, nicht nur gelegentlich aufzublitzen, um Sie mal zu einer unglaublichen Erfahrung zu bringen, sondern ich meine damit, wenn Genialität – einen Sinn haben soll – 24 Stunden am Tag. Nehmen

Sie Ihre Genialität in Besitz und erleben Sie, dass Sie immer zur rechten Zeit am rechten Ort sind.

Und wenn Sie es glauben können, gehen Sie noch einen Schritt weiter: Sie werden nicht nur immer zur rechten Zeit am rechten Ort sein, sondern dort auch noch das Richtige tun. Gestatten Sie sich das auch noch. Das macht das Leben leichter!

Manchmal werden Sie sich überraschenderweise bei Unhöflichkeiten erwischen: („Also komisch, dass ich jetzt so schroff reagiere, das entspricht mir eigentlich gar nicht, ich bin doch sonst die Liebe selbst, aber da, irgendwie ...“) – und Sie werden wissen warum. Das Leben führt Sie! Sie sind im Einklang mit der Schöpfung, und es geschieht genau das, was jetzt stimmt. Den einen loben Sie und dem anderen sagen Sie sehr deutlich Ihre Meinung – und beides ist richtig.

Sie leben so vollkommen im Einklang und in Harmonie.

Intuition in der Kindheit

Als Kind ist Intuition bei jedem noch präsent, aber durch die ständige Kommunikation mit Erwachsenen in die außengerichtete Welt und die Hinwendung auf die physischen Sinne verkümmert diese natürliche Fähigkeit allmählich, ohne jedoch jemals verloren zu gehen.

Kinder verstehen ihre Intuition sofort und unmittelbar. Später wird ihnen die Intuition immer fremder, immer erklärungsbedürftiger. Die Botschaften erscheinen nicht mehr klar und eindeutig, sondern immer orakelhafter, bedürfen einer Deutung, einer Übersetzung in den Verstand. Der Kanal der Intuition ist bei Kindern frei, bis sie die kognitive Stufe des kritisch-rationalen Bewusstseins erreicht haben. Doch auch vorher schon verschwimmen bei Kindern Intuition und Gefühl. Je mehr das Gefühl der Angst ihr Leben bestimmt, desto entfremdeter werden sie ihrer intuitiven Eingebung, desto mehr handeln sie aus Angst und nicht aus ihrer Intuition.

Durch das Intuitionstraining gehen wir in gewissem Sinn (aber nicht in jeder Hinsicht) diesen Weg wieder zurück, so dass wir Intuition wie ein Kind unmittelbar erfahren und sofort verstehen, ständig mit der Intuition verbunden sind.

Dies ist auch ein Aspekt des bekannten Bibelspruches: „Werdet wie die Kinder ..."

Sie können über Intuition und die Deutung ihrer Botschaften sehr viel lernen, wenn Sie auf eigene Kinder oder Kinder Ihrer Umgebung achten. Helfen Sie Kindern, so angstfrei wie möglich zu leben und ihrer Intuition zu vertrauen. Helfen Sie Ihren Kindern, wenn sie nach der Deutung einer seltsamen Eingebung fragen. Und vor allen Dingen: Verbinden Sie sich auf dieser Ebene mit Ihrem Kind, so dass beide lernen, intuitiv miteinander zu kommunizieren. Und Sie werden sehen, das macht den Kindern unglaublichen Spaß.

Es können ganz einfache Übungen sein: Wenn Sie Ihr Kind brauchen, rufen sie es doch zunächst einmal über die intuitive Verbindung. Reißen Sie also nicht das Fenster auf und schreien: „Helga, essen kommen!" Nein, Sie gehen nach innen, sehen ihr Kind vor sich und sagen ihm auf dieser inneren Ebene: „Komm, es ist Zeit zum Essen." Warten Sie zwei bis drei Minuten und dann hören Sie Getrappel und Ihr Kind kommt. Sie haben es über die intuitive Verbindung gerufen. Vereinbaren Sie mit Ihrem Kind aber auch, dass es unbedingt kommen soll, wenn es diesen innerlichen Ruf vernimmt, als Training und Feedback für beide.

Wenn Sie in dieser intuitiven Kommunikation geübt sind, dann führen Sie die Übung etwas komplexer aus. Schicken Sie dem Kind doch ein Bild, was es mitbringen soll (z. B. ein Blümchen). Ein mögliches Bild wäre: Sie sehen das Kind, wie es mit einer Blume zur Tür hereintritt. Dann machen Sie gleich zwei Dinge: Sie rufen das Kind „Jetzt kommen – mit Blume", und es kommt freudig mit einem Blümchen.

Das ist ein wunderbares Spiel! Sie können mit Ihrem Kind auch mental Verstecken spielen. Sie sitzen beieinander oder liegen bequem auf der Couch, Arm in Arm. Jetzt stellen Sie sich vor, wo Sie sich gerade verstecken. Sie sagen dem Kind nichts, und das Kind schaut, wo Sie sich versteckt haben. Das Kind findet Sie, weil es das ja noch kann. Solche Spiele helfen Ihrem Kind, seiner Intuition zu vertrauen und lassen sie erst gar nicht verkümmern.

Wenn Sie einmal geübt sind, dann lassen Sie Ihr Kind doch einmal neue Spiele und Anwendungen der Intuition erfinden (Kinder sind da sehr fantasievoll). Sie werden überrascht sein, wie viel Sie von Ihren Kindern lernen können. Es ist einfach wunderschön!

Sie können sich weiter gewiss sein: Die Verbindung zu Ihrem Kind wird ein Leben lang sehr intensiv sein. Doch denken Sie wieder daran, dass das Kind eine reife Seele ist, deren Würde keiner das Recht hat zu verletzten. Diese intuitive Verbindung zu Ihrem Kind ist keine höhere Form der Manipulation. „Wenn es mir schon nicht so gehorcht, dann werde ich es eben intuitiv lenken." Überlassen Sie diesen wundervollen Kanal nur der ehrlichen Kommunikation miteinander und nicht der Manipulation.

Wenn Ihre Kinder oder (Sie als Kind) Ihre Eltern schon aus dem Hause sind, dann beleben Sie diese intuitive Verbindung wieder, öffnen Sie diesen Kanal. Auch das ist ein Teil unseres Intuitionstrainings, denn bei familiär nahe stehenden Menschen ist diese telepathische Kommunikation am schnellsten wieder zu beleben (klappt auch bei Menschen, denen man wirklich liebevoll verbunden ist) – Telepathie ist Liebe in Aktion.

Wenn Sie jetzt wollen, dass Ihr Kind sich wieder einmal meldet, nachdem Sie eine Weile nichts von ihm gehört haben, dann senden Sie ihm doch einfach nur die Botschaft: „Es wäre schön, wieder einmal etwas von dir zu hören." Und Sie erleben gleichzeitig – innerlich auf der schöpferischen Ebene –, wie es geschieht: Das Kind ruft an, schreibt, kommt vorbei, meldet sich, schickt Grüße über Dritte (ganz gleich, wie Sie es gestalten, das Kind meldet sich!).

Spüren Sie, dass es vollbracht ist, dann können Sie diese Botschaft beruhigt loslassen; es ist erledigt; geistig verwirklicht, es muss im Außen in Erscheinung treten.

Vielleicht trainieren Sie diese intuitive, telepathische Kommunikation auch mit einem geliebten Menschen. Vereinbaren Sie, sich täglich bewusst eine Botschaft zu senden. Und dann vergleichen Sie: Was haben Sie wann gesendet? Was hat der andere wann empfangen?

Konzentrative Entspannung

Es wird Ihnen immer wieder passieren, dass Sie aus Ihrem Schöpfer-Bewusstsein ins rationale Bewusstsein des Verstandes zurückfallen. Ein weiterer Bereich, diesen Alltag sozusagen zu heiligen und ihn zu einem Nährboden zu machen, immer häufiger und länger über sich hinaus zu wachsen, ist das Erlernen konzentrativer Entspannung.

Konzentration ist nämlich etwas ganz anderes als das, was wir normalerweise darunter verstehen. Dieser

Kampf, sich zu zwingen und nur um eine Sache zu kümmern – das ist nicht Konzentration. Es macht furchtbar müde, und wenn Sie sich zehn Minuten so konzentriert haben, dann sind Sie nass geschwitzt und müssen aufhören.

Deshalb verwende ich für Konzentration ein anderes Wort und nenne es konzentrative Entspannung. Damit ist eine ganz bestimmte Energie gemeint, die Sie sofort anhand des folgenden Beispiels verstehen werden:

Stellen Sie sich vor, Sie gehen ins Konzert. Das Licht wird gedämpft, und die ersten Töne des Orchesters erklingen, die Welt versinkt. Die Musik tritt in Ihr Bewusstsein, Sie lassen sich von den Klängen davontragen, werden zur Musik. Wenn das Konzert zu Ende ist, gehen Sie beschwingt, erholt und entspannt nach Hause. Das Konzert war für Sie konzentrative Entspannung.

Es hat Sie erholt, obwohl Sie ganz bei der Sache waren. Es war überhaupt nicht anstrengend, sondern es hat gut getan! Diese Energie meint mit anderen Worten: das Verschmelzen mit dem, was man tut. Die Weisen bringen es auf die Formel: „Tue, was du tust."

Probieren Sie es einmal aus.

Schreiben Sie etwas, ein paar nette Zeilen, die Ihnen gerade in den Sinn kommen, bewusst aus Ihrem ganzen *Sein*. Das, was Sie schreiben wollen, schreiben Sie in dem grenzenlosen Bewusstsein als der Gott, der Sie sind, und in einer göttlichen Ästhetik der Handlung „Ich bringe etwas zu Papier. Ich schreibe etwas."

Ein anderes Beispiel: Sie halten ein Glas in Ihren Händen. Halten Sie dieses Glas einmal ganz bewusst. Sie machen sich bewusst, was Sie tun: Ich halte ein Glas! Werden Sie eins mit dem Glas-halten. Überschreiten Sie die duale Wahrnehmung: Ich bin ich und halte ein Objekt, ein Glas. Lassen Sie Subjekt (ich) und Objekt

(Glas) verschmelzen zu *ich bin* Glas-halten. Diese einfache Handlung wird plötzlich unendlich würdevoll, heilig. Übertragen Sie die soeben gemachte Erfahrung auf dieses Buch! Blättern Sie würdevoll Seite für Seite um. Behandeln Sie es so, als wäre es *Das heilige Buch,* das Kostbarste, das es gibt.

Und machen Sie das mit allem, was Sie in die Hände nehmen, was Sie in die Augen nehmen, was Sie ins Gehör nehmen. In dieser Energie der konzentrativen Entspannung wird die Welt um Sie licht.

Egal was Sie machen: Tun Sie das, was Sie jetzt tun, als Gott. Entdecken Sie einmal die Ästhetik des Tuns, die erfüllende Schönheit des Handelns – und so bewegen Sie etwas. Es genügt sogar, dass Sie etwas anschauen. Betrachten Sie irgendetwas, aber schauen Sie es an als Gott (im Bewusstsein der vollkommenen Einheit). Lassen Sie alles andere versinken, schauen Sie nur *das* an.

Jetzt ist es so, als hätten Sie zum ersten Mal in Ihrem Leben wirklich etwas angeschaut und in Ihren Händen gehalten. Verschmelzen Sie mit dem, was Sie tun, und Sie lernen, mit einem „Objekt“ eins zu werden, und erkennen, dass das „Objekt“ nicht von mir getrennt ist, dann verschmelzen Sie mit immer mehr in Ihrem Leben. Sie wissen, was am Ende dieser sich ausbreitenden Erinnerung steht: *Wir sind alle Eins.*

Während Sie mit etwas verschmelzen, sind Sie ganz bei der Sache und voll konzentriert. Je mehr Sie sich so konzentrieren, desto weiter wird Ihr Bewusstsein.

Es ist so wie bei der Spirale, nur hier wählen Sie den Weg der Konzentration. *Tue, was du tust.* Verschmelzen und *Eins werden* mit dem, was ich tue. Ich kann meinen Blick auf eine andere Seite wenden, ein Tuch oder Bild anschauen.

Ich kann mir meines Körpers bewusst werden und tue scheinbar gar nichts. Aber alles in dieser Form der Konzentration: Verschmelzen mit dem, was ich tue; sich so in sein Tun vertiefen, dass man eins wird mit seinem Tun.

Und dann könnten Sie trainieren, ständig vertieft zu bleiben. Das ist übrigens fast das ganze Geheimnis der Hunza.

Die *Hunza* sind ein Bergvolk im Tibet. Ein Volk, abgeschieden von der Zivilisation, das keine Krankheiten kennt. Es gibt deshalb auch keine Ärzte, keine Rentenversicherung, keine Pflegeversicherung – niemand geht in Rente, niemand ist zu pflegen. Der 100-Jährige arbeitet neben dem 20-Jährigen auf dem Feld. Und: Hunzas sterben nicht. Der *Mir*, der geistige Führer der Hunzas, sagt: Wir Hunzas sterben nicht, wir verlöschen.

Ich finde, sie verlöschen nicht einmal: Für mich treten sie bewusst aus dem Körper, so wie wir aus dem Auto aussteigen. Wenn es so weit ist, dann sagt der Ur-Ur-Ur-Großvater: „Morgen gehe ich nicht mit auf das Feld." Und dann wissen alle, was geschieht: Wenn sie nach Hause kommen, ist der Ur-Ur-Ur-Großvater gegangen. Er sitzt noch irgendwo, aber es ist nur noch sein Körper (es ist keiner mehr drin). Es gibt keine Abschiedszeremonie, keine Trauer, nichts. Jemand hat sein Leben erfüllt, sagt: „Das reicht, jetzt gehe ich", macht die Tür hinter sich zu, zieht den Stecker raus und ist daheim.

Und das, was für mich entscheidend bei den Hunzas war, ist diese Energie, im Tun zu ruhen. Je anstrengender das Tun wird, desto tiefer wird ihre Ruhe. Wenn Hunzas als Sherpas tätig sind, also als Gepäckträger für Expeditionen, kann man es gut beobachten: Je steiler der Weg wird und je schwerer das Gepäck, desto tiefer sind sie – wir würden sagen – in Meditation. Wiegende, gleichmäßige Schritte. Sie versinken ganz in ihrem Tun, keiner stürzt ab. Sie haben genau das verwirklicht, ihr ganzes Leben ist zur Meditation geworden.

Das ist unser geistiges Erbe. Wir könnten das genauso tun, wenn wir wollen.

Ein Empfangsritual vereinbaren

Eine nahe liegende Möglichkeit, die bei jedem funktioniert und die ich jahrelang sehr erfolgreich genutzt habe, ist, sich etwas im Schlaf einfallen zu lassen. (Jetzt verstehen Sie auch, was der bekannte Bibelspruch „Den Seinen gibt's der Herr im Schlaf!" bedeutet.) Jeder ist der „Seine" und gerade im Schlaf, wo unser zensierendes Tages-Bewusstsein ausgeschaltet ist, empfängt jeder intuitive Botschaften (natürlich auch über Träume!). Es kommt darauf an, sich dessen bewusst zu sein und sie deuten zu können, aber mehr noch: Es kommt darauf an, intuitive Einfälle für den Schlaf zu bestellen!

Ich habe eine Frage, ein Problem oder eine Aufgabe, auf die ich eine intuitive Antwort wünsche.

Schritt 1: Ich mache mir bewusst, dass die Antwort auf meine Frage, die Lösung für meine Aufgabe, die richtige Entscheidung bereits existiert. Ich muss nur darauf warten, dass ich sie in mein Bewusstsein treten lasse.

Ich muss sie nicht schaffen. Sie ist bereits da.

Schritt 2: Ich formuliere präzise meine Frage, wiederhole meinen Wunsch – formuliere so einfach wie möglich, aber unmissverständlich. Jetzt heben Sie Ihre Aufmerksamkeit: Je genauer ich die Frage auf die bereits bestehende Antwort formuliere, desto eher schwingen beide in Resonanz und bilden eine gemeinsame Resonanzschwingung. Damit rufe ich aus den allumfassenden Möglichkeiten die Information aus, die ich jetzt gerade brauche. Formuliere ich meine Frage unpräzise, erhalte ich eine unbrauchbare oder gar keine Antwort. Intuitive Einfälle sind die Antwort auf deutlich gestellte Fragen. Wir haben es verlernt, präzise Fragen an das Leben zu stellen.

Schritt 3: Ich erfülle mein Bewusstsein mit dem unerschütterlichen Glauben, dass mich damit die Antwort sicher erreicht, dass ich damit alles getan habe, dass mehr nicht erforderlich ist. Ich habe mir bewusst gemacht, dass es da ist. Ich habe gesagt, was ich davon brauche, und ich stelle dankbar fest, dass es damit erledigt ist.

Für diesen unerschütterlichen Glauben finden wir in der Bibel wieder einen sehr faszinierenden Hinweis. Erinnern Sie sich, wie Jesus den Lazarus ins Leben zurückgerufen hat (er war schon gestorben). Was war das Erste, das Jesus sagte?

Er sagte: „Vater, ich danke dir, dass du mich erhört hast, wie du mich alle Zeit erhörst." Keine Rede von Lazarus! Jesus hat sich nur bewusst gemacht: Wer bin ich, Vater und ich sind eins, er hört mich. Er hat mich schon erhört, ich habe noch gar nicht gesagt, was ich will! Da bin ich schon erhört! Es ist bereits geschehen!

Das heißt, die Bitte ist noch gar nicht ausgesprochen, die Erfüllung hat noch keine Gestalt angenommen, aber ich bin schon in der Erfüllung.

Als ob ich meinem Kind sagen würde: „Du kannst dir wünschen, was du willst, ich erfülle dir jeden Wunsch." Und das Kind hat noch nichts gesagt, aber es weiß schon: Er steht zu seinem Wort, das bekomme ich! Die Erfüllung ist schon, noch ehe das Kind weiß: Welche Bitte habe ich denn an Vater? Was will ich denn?

In diese Form des Glaubens sollten Sie beim dritten Schritt gehen. Sie wissen, die Erfüllung ist bereits geschehen, ich muss nur noch sagen, wie es aussehen soll!

Schritt 4: Jetzt kann ich mich mit dem Bewusstsein erfüllen, dass mich diese Antwort zu einer bestimmten Zeit erreicht. Denn solange wir nicht ständig bei Bewusstsein sind, kann es sein, dass die Antwort kommt und ich gerade beschäftigt bin (das heißt: Ich bin nicht da!). Die Antwort findet im Bewusstsein statt, und ich bin im Verstand. Als einfacher Vergleich: Es kommt etwas Wichtiges im Fernsehen oder im Radio, aber Sie haben nicht eingeschaltet. Es will Ihnen jemand etwas ganz Wundervolles am Telefon sagen, aber Sie haben den Hörer daneben gelegt. Die Botschaft kann Sie nicht erreichen.

Das heißt, ich kann mit meiner Intuition eine bestimmte Zeit vereinbaren oder ein Signal, einen Auslöser. Bei mir läuft es so ab: Abends, bevor ich einschlafe, bin ich mir bewusst, wer ich bin („Hier schläft der Chef noch selbst.“). Dann bewege ich die Frage, die Aufgabe im Bewusstsein, gehe die drei Schritte durch und weiß, es ist damit erledigt.

Ich sage Bescheid (als vierten Schritt): Morgen früh, wenn ich aufwache und den ersten Schluck Tee trinke, dann bin ich empfangsbereit. Selbst wenn ich beschäftigt bin (im Verstand bin), bin ich im Bewusstsein und schaue, ob das Fax der Intuition schon da ist (und glauben Sie mir), es ist immer da!

Sie können also einen ganz bestimmten Auslöser betätigen und ein Empfangsritual vereinbaren, aber Sie sollten vorher wissen, auf welcher Ebene Sie die Botschaft empfangen. Wenn Sie auf manchen Frequenzen noch nicht sicher sind, dann wählen Sie eine bestimmte Frequenz aus (als Bild, als Symbol, als innere Gewissheit, als Gefühl).

Vereinbaren Sie mit Ihrer Intuition eine Zeit: Morgen früh, wenn ich meinen Tee trinke, nehme ich dich als Bild in Empfang. Dann vergessen Sie es, lassen los, schlafen ein. Ob Sie sich am nächsten Morgen erinnern oder nicht, spielt gar keine Rolle. Wenn Sie den ersten Schluck Tee trinken, dann fällt es Ihnen wieder ein.

Und dann fällt Ihnen nicht nur ein, dass Ihnen etwas einfallen sollte, sondern dann fällt Ihnen auch das ein, was Ihnen einfallen sollte. Sie sind auf Empfang und im Bewusstsein, denn das haben Sie ja als Auslöser abends verankert. Und so können Sie sich über Nacht wichtige Dinge einfallen lassen.

Während meiner Seminare praktiziere ich das jede Nacht. Ich kann zu Hause ein Manuskript vorbereiten, aber die Veränderung der Gruppe, die Energie und was die Gruppe jetzt braucht, geschieht in der Lebendigkeit des Augenblicks. Ich mache mir abends bewusst, wie ich am nächsten Tag weitermache (beginne ich einen neuen Abschnitt oder ...) Im Bewusstsein betrachte ich meine Entscheidung. Und dann ist es manchmal sehr überraschend, dass ich es dann doch anders mache, weil ich meiner Intuition vertraue.

Meine vorbereiteten Unterlagen sind wie eine Speisenkarte. Ich nehme das, was im Moment stimmt. Wenn Sie gerne kochen, dann nehmen Sie vielleicht intuitiv ein Gewürz, das Sie sonst zu diesem Gericht nicht verwendet hätten. Und auf einmal haben Sie eine neue Geschmackskomposition geschaffen und sind selbst überrascht, dass es stimmt.

Lassen Sie sich auch etwas in der Nacht einfallen. (Die Technik können Sie ab sofort jederzeit nutzen). Ich möchte Ihnen noch eine andere Form des Kontakts mit Ihrer Intuition empfehlen, nämlich die innere Ampel.

Die Ampelintuition

Installieren Sie auf Ihrem geistigen Bildschirm eine ganz normale Verkehrsampel (Rot – Gelb – Grün). Geben Sie der Intuition damit Gelegenheit, Ihnen eine Botschaft zu schicken, ohne dass Sie gefragt haben. Denn manchmal ist es so: Sie wissen nicht, dass Sie gleich eine Botschaft brauchen; Sie kennen die Wirkung noch nicht, aber es wäre ganz dringend; Sie sind ahnungslos und fragen nicht (es besteht ja kein Grund). Und jetzt braucht die Intuition einen Weg Sie zu erreichen.

Ich erinnere mich noch: Ich hatte diese Ampel für meine Intuition gerade installiert und hatte mir diese Möglichkeit bewusst gemacht. Dabei dachte ich an Besprechungen, in denen ich jedes Mal auf die Ampel schaue und sehen kann, was die Intuition dazu sagt. Kann ich der Verhandlung, dem Vertrag zustimmen?

Ich gebe Ihnen gerne ein Beispiel, wie bedeutsam diese Technik sein kann: Ich handelte einmal wochenlang einen komplizierten Vertrag mit beiderseitigen Anwälten aus. Wir haben um jedes Wort und jede Formulierung gerungen. Es dauerte drei Wochen, bis die Formulierung stand und es zum Notar ging. Beim Notar wurde der Vertrag noch einmal vorgelesen (rasend schnell, eigentlich verstehen Sie nichts mehr, zumindest kann man so schnell das Vorgelesene nicht überprüfen). Mein Vertragspartner bekam den Text zur Unterschrift und ich auch. Als ich gerade unterschreiben wollte, da meldet sich die Ampel: Rot – Rot – Rot!

Jetzt versetzen Sie sich in diese Situation! Sie zögern, der Notar schaut hoch, Ihr Vertragspartner stutzt, und Sie wissen nicht warum. Ich musste sagen: „Tut mir Leid, ich kann das nicht unterschreiben!“ – „Ja, aber wieso, wir haben doch...“ – „Ja, mag sein. Aber wir müssen morgen einen neuen Termin machen. Ich muss den Vertrag nach Hause mitnehmen, ich kann ihn so nicht unterschreiben." – „Ja, aber warum, was stört Sie?" – „Ich weiß es nicht. Ich weiß nur, es geht nicht!"

Ich habe mich zu Hause hingesetzt und den Vertrag noch einmal ganz sorgfältig gelesen. Es war alles so, wie wir es vereinbart hatten, bis auf ein einziges Wort. Das Wort hieß „nicht" und drehte den ganzen Vertrag ins Gegenteil!

Natürlich sagte mein Vertragspartner, der den Vertrag ins Reine schreiben ließ: „Versehen der Sekretärin. Also ich möchte sie am liebsten entlassen. Katastrophaler Fehler!" Ich bin heute noch davon überzeugt, dass dieses „Versehen" Absicht war. Ich hätte diese sinnentstellende Veränderung beim Notar nicht hören können, ich war in dem Bewusstsein: Wir haben das wirklich Stück für Stück juristisch, wirtschaftlich und menschlich überprüft. Da hat sich meine kürzlich erst installierte Ampel gemeldet, mich gewarnt und sich bewährt.

Oder eine andere Situation: Gut gelaunt war ich unterwegs zu einem Seminar. Ich fuhr ein bisschen zügig um eine Kurve. Vor der Kurve zeigte meine Ampel plötzlich: Gelb – Gelb – Gelb! Meine sofortige Reaktion: Fuß vom Gas, Lenkrad fester gepackt. Nach der Kurve stand ein Möbelwagen quer, der rückwärts in eine Ausfahrt reinwollte. Mit meiner anfänglichen Geschwindigkeit hätte ich diesem Hindernis nicht mehr ausweichen können.

Aber meine Intuition hat mir rechtzeitig Bescheid gesagt. Ich habe sie nicht gefragt, sie hat sich einfach ungefragt gemeldet. Ich bin langsamer geworden, und das hat gereicht. Ich bin gerade noch vor dem Möbelwagen zum Stehen gekommen.

Deshalb ist es so sinnvoll, dass Sie sich eine solche Ampel einrichten, weil so die Intuition sich von sich aus an Sie wenden kann, wenn etwas zu sagen ist.

Sie können sich von Ihrer Intuition so leiten lassen wie Sokrates. Er nannte diese innere Stimme seinen „Daimonion". Er hat absolut darauf gehört. Und wenn sich diese Intuition nicht meldete, dann nahm er das als Zustimmung. Dann war alles okay.

Seine innere Stimme half ihm auch, als er zum Gericht ging. Er wurde verurteilt, aus dem Schierlingsbecher zu trinken, und seine Anhänger begleiteten ihn. Sie wunderten sich über seine heitere Gelassenheit, und er sagte zu ihnen: „Wenn mein letzter Gang falsch wäre, wenn dieser Tod jetzt nicht zu mir gehören würde, würde sich jetzt meine innere Stimme schon melden. Da sie nichts sagt, ist es in Ordnung." Gelassen trank er den Giftbecher und schilderte noch seinen klagenden Anhängern, wie Sterben ist, wie es von den Beinen anfängt, wie es langsam hochzieht und wie die Zunge schwerer wird. Er starb heiter, gelöst, in völligem Einklang mit dem Universum.

Die Geschichte hinterlässt uns die Urteile über Sokrates: „vergiftet", „verurteilt", „geächtet", „verleumdet". Aus seiner Sicht war es ein erfülltes Leben: eine Minute, kein Pflegefall, keine Intensivstation, keine Schläuche, einfach nur langsames Verlassen des Körpers, Verabschieden der Freunde, gehen. Das ist doch wunderbar!

Geben Sie Ihrer Intuition auch Gelegenheit, sich mit Ihnen zu verbinden oder in Verbindung zu setzen, wenn Sie gar nicht daran denken. Es ist ein wunderbares Gefühl zu wissen, wenn da etwas wäre, hätte sich schon etwas gemeldet. Sie können sicherheitshalber dann ja noch einmal auf Ihre Ampel sehen.

Über die Ampel können Sie auch eine Antwort abfragen. Da werden Sie auch feine Farbtöne unterscheiden können: Es ist grün, aber ein bisschen dünn, also keine absolute Zustimmung. Jetzt können Sie entscheiden: Soll ich das Ganze noch einmal aufrollen, durchgehen, optimieren. Oder sehen Sie grün mit gelb, das heißt im Prinzip ja, aber aufpassen.

Sie bekommen über die Ampel sehr differenzierte Hinweise. Denken Sie nicht, dass Sie dadurch abhängig werden oder roboterhaft gesteuert würden oder nur noch einer inneren Stimme folgen müssten.

Sie haben immer die Freiheit, der Stimme nicht zu folgen (sie sagt Ihnen nur, was stimmen würde). Wir haben die Freiheit der Wahl – das ist unser größtes Geschenk! Jeder entscheidet, aber trägt auch die Folgen. Es ist Ihre Entscheidung, Sie bleiben vollkommen frei.

Zu wissen gibt Ihnen ein ungeheures Gefühl der Souveränität, des Über-den-Dingen-Stehens, ich bin im Einklang mit dem Ganzen. Wäre es nicht so, hätte sich der „Chef" schon gemeldet und reklamiert.

Deswegen sollten Sie heute noch die Gelegenheit nutzen – am besten gleich –, Ihre Ampelintuition einzurichten. Es genügt, dass Sie sich diese Ampel im Bewusstsein vorstellen und aktivieren. Ihre Intuition wird dieses Werkzeug nutzen.

Sie können sich auch vorstellen, dass Sie die Ampel testen. Rot – Gelb – Grün. Lampen alle in Ordnung, Sicherungen drin. Kontakt zur Intuition gegeben, wunderbar! Jetzt kann ich über die Ampel abfragen, aber ich bin auch jederzeit erreichbar, wenn die Intuition mich erreichen will. Ein gutes Gefühl!

Vielleicht trainieren Sie diesen neuen Kommunikationskanal auch schon einmal mit ein paar leichten Fragen.

Teil des Ganzen werden

Wir haben jetzt einige Übungen vollzogen, die vor allem den Verstand angesprochen haben. Es wäre sinnvoll, wenn Sie sich jetzt wieder an das kosmische Netz anschließen. Es ist eine einfache Methode, nicht mehr auf Batterie zu laufen. Die Verbindung zum kosmischen Netz herzustellen heißt, uns an diese grenzenlose Energie anzuschließen, sie durch uns fließen zu lassen. Der Teil verbindet sich bewusst mit dem Ganzen, geht in den Kontakt über das Scheitelchakra oder über alle Poren. Es ist ganz gleich, wie Sie es machen. Wichtig ist nur, dass es geschieht, dass der Teil des *Ich Bin* wieder in die Einheit zurückkehrt und in dieser Einheit bleibt.

Wenn Sie diese Verbindung jetzt bewusst herbeiführen wollen, können Sie sich das bildhaft so vorstellen: Sie haben ein Kabel, stecken es in die kosmische Steckdose und lassen volle Energie laufen. Sie stehen einmal unter kosmischem Strom (Sie können das Kribbeln wirklich spüren!). Lassen Sie das einfach einmal geschehen, dass 100 Billionen Zellen sich mit kosmischer Energie vollsaugen.

Und dann spüren Sie, wie diese Energie alles Unheil in allen Lebensbereichen auflöst. Wenn Sie so am Netz bleiben, lösen sich ständig Unstimmigkeiten auf. Sie brauchen nichts Zusätzliches zu tun, Sie brauchen nicht einmal Ihr Bewusstsein darauf zu richten. Das, was nicht stimmt, löst sich im Stimmigsein dieser Energie auf. Das ist etwas, das ich auch als „Heilung geschehen lassen" bezeichne.

Richten Sie Ihr Bewusstsein jetzt einmal auf ein bestimmtes Unheil (was nicht heil ist) in Ihrem Leben. Es kann auch ein ganz kleines Problem sein, irgendeine Unstimmigkeit. Nehmen Sie es ins Bewusstsein, bleiben

Sie am Netz und lenken Sie einmal die eine Kraft auf dieses Unheil, auf diese Unstimmigkeit und schauen Sie zu, was geschieht. Sie halten einfach Ihr Bewusstsein darauf gerichtet, und so fließt die Kraft immer dorthin, wo Sie Ihr Bewusstsein hinrichten: auf diese Unstimmigkeit. Diese fließende Energie empfinden Sie als Liebe, grenzenlose und bedingungslose Liebe. Schauen Sie zu, was mit dieser Unstimmigkeit geschieht, während Sie Ihr Bewusstsein darauf gerichtet halten.

Es ist wie ein Eiswürfel, den Sie in der Hand halten: Er wird kleiner (es dauert eine Weile, je nachdem wie groß er war), und auf einmal haben Sie keinen Eiswürfel mehr in der Hand – es ist nur noch nass. Die Unstimmigkeit hat sich aufgelöst.

Dies geschieht meistens innerhalb von Minuten! So können Sie ganz bewusst eine Unstimmigkeit in Ihrem Leben auflösen. Wenn Sie um eine Unstimmigkeit heiler geworden sind, richten Sie doch einmal diese eine Kraft auf Ihren körperlichen Zustand. Machen Sie sich bewusst: Indem ich am kosmischen Netz angeschlossen bleibe, lebe ich in einem Heilungsfeld. Ich bin ein ständiges Heilungsfeld. Das, was in meinem Körper nicht stimmt – Unstimmigkeiten in meinem Gesundheitszustand –, lösen sich genauso einfach auf und verwandeln sich in Wohlgefühl und Vitalität.

Also tun Sie sich einmal etwas richtig Gutes an und richten Sie Ihr Bewusstsein auf Ihren Gesundheitszustand. Lassen Sie Heil und Heilung geschehen, heilen Sie sich selbst. Sie können diese Energie auf eine bestimmte Stelle im Körper richten, oder ganz allgemein auf Ihren Gesundheitszustand. Lassen Sie einmal ganz bewusst Heilung in sich geschehen.

Da Sie multidimensionales Bewusstsein sind, machen Sie jetzt mehrere Dinge gleichzeitig. Während Sie weiter

Heilung in Ihrem Körper geschehen lassen, lassen Sie gleichzeitig in diesem Heilungsfeld alle Unstimmigkeiten in Ihrem Leben verschwinden. Sie breiten einfach dieses Heilungsfeld über Ihre Lebensbereiche aus, vom Körper über die anderen Lebensbereiche. Sie tun nichts Besonderes, sondern weiten dieses Feld nur aus. Sie schauen nur zu, wie die eine Kraft jede Unstimmigkeit auflöst. Sie lassen Heilung, nicht nur in Bezug auf Gesundheit geschehen, sondern auf Stimmigkeit und Harmonie in allen Lebensbereichen.

Sie gehen durch Ihre Lebensbereiche: Wie sieht es beruflich aus? Was ist dort unstimmig? Wie sieht Stimmigsein aus? Was geschieht, wenn ich die eine Kraft auf meinen beruflichen Bereich/meine Partnerschaft lenke? Ich lasse einmal Heilung im Bereich der Partnerschaft geschehen. Schauen Sie ruhig einmal hin – Sie tun ja nichts. Sie halten nicht einmal eine Vorstellung, was dort sein sollte. Sie schauen nur hin, was dort geschieht, wenn Sie die eine Kraft auf Ihre Partnerschaft richten.

Es kann sein, dass Sie sich dabei verändern. Sie erwarten, dass der Partner sich ändert, und Sie spüren: Nein, die Veränderung setzt bei mir ein. Es kann sein, dass Sie dabei erkennen, dass die Partnerschaft längst beendet ist. Es kann sein, dass Sie spüren, wie Sie einen anderen Partner in Ihr Leben ziehen. Ganz gleich, es geschieht das, was stimmig ist!

Mit anderen Worten: Sie bestimmen nicht, was geschehen soll, sondern Sie bestimmen nur, dass Heilung geschieht, und Sie beobachten lediglich, wie Heilung in jedem Bereich aussieht.

Wenn Sie wollen, richten Sie doch diese Heilkraft einmal auf Ihre spirituelle Entwicklung und nehmen Sie einmal wahr, was diese Kraft in Ihnen bewirkt. Auch wenn ich alles nacheinander sagen muss (so ist unsere

Sprache strukturiert), tun Sie es bitte gleichzeitig! Also nicht Schritt für Schritt, wie ich es sage, sondern während in Ihrem Körper weiter Heilung geschieht, Ihre Partnerschaft immer harmonischer wird und Ihre berufliche Situation sich optimiert, erleben Sie die Verwandlung Ihrer spirituellen Entwicklung – alles gleichzeitig.

Es gibt nichts zu tun. Sie sind der Schöpfer und lassen Heilsein geschehen. Vernachlässigen Sie keinen Bereich (nicht von einem Bereich in den anderen schauen), sondern gleichzeitig alle Bereiche wahrnehmen und gleichzeitig wahrnehmen, wie Heilung in den verschiedenen Lebensbereichen aussieht. Vollziehen Sie es jetzt.

Es ist ganz einfach, denn nur unsere Vorstellung denkt, dass wir zuerst eine halbstündige Meditation vollziehen müssten, um einen solchen Fluss der Lebens- und Heilenergie verursachen zu können. Aber wir sollten einen Zustand erreichen, in dem unser ganzes Leben eine Meditation ist, wo die Verbindung zum Ganzen jederzeit vorhanden ist. Diesen Weg weise ich Ihnen hier.

Und dann fragen Sie sich einmal, ob es einen Grund geben könnte, diesen Fluss kosmischer Energie wieder zu beenden. Lassen Sie doch einfach ständig Heilung in allen Bereichen geschehen, 24 Stunden jeden Tag. Spüren Sie, wie sich dieses Fließen im körperlichen Bereich als Wohlgefühl, als Vitalität bemerkbar macht: im partnerschaftlichen Bereich als Harmonie (vielleicht auch als reinigende Auseinandersetzung), im beruflichen Bereich als Erfolg und im spirituellen Bereich als Erfüllung. Und das alles gleichzeitig. Sie bleiben einfach am Netz, Sie laufen nie mehr auf Batterie und lassen ständig Heilung geschehen.

In diesem Zustand sind Sie in der vollkommenen Wahrnehmung. So lange Sie an der einen Kraft als Teil angeschlossen sind, den Teil wieder mit dem Ganzen vereinigen – also in die Einheit zurückkehren –, sind Sie automatisch in der Wahrnehmung – Sie nehmen wahr, was ist.

Und so bleiben Sie in der Wahrnehmung der Wirklichkeit und lassen Heilung geschehen. Sie erleben 24 Stunden am Tag Ihre Veränderung, Ihre individuelle Evolution. Der Gott ist in Ihnen erwacht, das eigentliche Leben geschieht.

Machen Sie sich einmal den Unterschied bewusst zum bisherigen Verhalten. Bisher wurde Ihnen ein Problem bewusst, Sie haben dann nach einer Lösung gesucht und sie gefunden. Sie haben versucht, die Lösung zu verwirklichen, und sind beharrlich geblieben, es hat geklappt oder auch nicht. Irgendwann hat es vielleicht geklappt, um irgendwann später wieder nachzulassen. Dann mussten Sie sich dem wieder zuwenden. Hier schließen Sie sich einmal an die eine Kraft an und lassen die eine Kraft 24 Stunden am Tag wirken. (Sie bleiben nur am Netz. Das ist alles!)

Das Ebenbild Gottes

So einfach kann Leben sein! Es hat nur einen Nachteil: für Persönlichkeiten unbrauchbar! Das Ganze funktioniert nur bei einem *Ego* nicht, denn es bekommt den Stecker nicht in die richtige Steckdose.

Aber, um nicht missverstanden zu werden: Sie müssen Ihr *Ich* nicht auflösen, Ihre Persönlichkeit nicht zerstören (das alles brauchen Sie noch). Sie können Ihre Persönlichkeit jetzt aber ganz anders gestalten. Nur, Sie gehen nie mehr in die Identifikation mit der Persönlichkeit. Sie sind nie mehr nur die Persönlichkeit, als die Sie leben. Sie sind weit mehr! Und das verstehe ich unter einem unpersönlichen Leben. Nicht, dass Sie jetzt eigenschaftslos blass vor sich hin schweben, sondern Sie sind die gleiche Persönlichkeit wie bisher. Aber Sie identifizieren sich nicht mehr damit. Sie treten als diese Persönlichkeit in Erscheinung, verändern sie, Sie können sie wechseln. Nur: Sie sind es nie mehr!

Wenn Sie also nicht Persönlichkeit sind, dann stellt sich die Frage: *Wer bin ich?* (Es ist die Grundfrage des Lebens überhaupt.)

Nicht in den Kopf rutschen und überlegen, sondern spüren: Wer bin ich? Was empfinde ich, wenn ich mich meine? Was kann ich erfassen? Bin ich ein Energiefeld, ein Potenzial, eine Existenz, Bewusstsein, das *Ich Bin* oder ...?

Nehmen Sie sich selbst einmal ganz bewusst wahr. Was haben Sie für eine Gestalt, eine Form? Wie sehen Sie aus (das Lichtwesen in Ihnen)? Können Sie es wahrnehmen oder zumindest erahnen?

Sie können sich einen Spiegel vorstellen, der nicht nur Ihr äußere Form (den physischen Körper) zeigt, sondern die Wirklichkeit. Und Sie treten vor diesen Spiegel und betrachten einmal, wie Sie in Wirklichkeit aussehen. Vielleicht sind Sie nur Licht, vielleicht sehen Sie so aus wie jetzt. Trauen Sie sich einfach einmal, in diesen Spiegel zu schauen und sich selbst zu treffen.

Wenn Sie wollen, begegnen Sie einmal Ihrem Wesen und werden Sie sich bewusst, was Ihr Wesen ausmacht. Welche Grundstruktur hat Ihr Wesen; das Wesen, mit dem Sie durch alle Inkarnationen gehen, das sich nicht verändert, das Sie sind und das trotzdem individuell ist.

Und dann prüfen Sie auch einmal, welches Leben zu dem Wesen gehört, das Sie in dieser Inkarnation sind. Wie bin ich in dieser Inkarnation gemeint? Was habe ich mir vorgenommen, warum bin ich hier? Was entspricht mir genau jetzt? Wieweit entspricht das Leben, das ich führe, meinem wahren Wesen? Wo stimmt es dort nicht? Wo bin ich mit der Art zu leben nicht im Einklang mit meinem Wesen? Und wie müsste das eigentlich aussehen?

Was hindert mich eigentlich, ein Leben zu leben, das mir ganz entspricht? Sind es gedankliche Vorstellungen? Was hindert mich daran, jetzt einfach umzusteigen, mich neu zu erfinden, mein Leben neu zu konzipieren, zu erkennen: Das ist mein eigentliches Leben, in diesem Leben würde ich mich ganz wohl fühlen. Und wenn ich mich geträumt habe, steige ich um in dieses andere Leben (mein eigentliches) Leben.

Das Wesen bleibt das Gleiche. Ich gehe nur in eine andere Situation, in andere Umstände, in andere Eigenschaften. Alles außer meinem Wesen kann ich verändern. Und einen Punkt nach dem anderen erschaffe ich in meinem Leben neu, so wie es mir eigentlich entspricht.

Wenn ich ein Hindernis finde, dann richte ich die eine Kraft darauf, schmelze es weg, löse es auf. Dann kann ich wieder einen Schritt tun, komme vielleicht an ein anderes Hindernis (eine Gewohnheit, ein Verhaltensmuster, einen Eindruck, eine Prägung), richte die eine Kraft darauf, löse es auf und werde immer freier. Vielleicht begegne ich auf diesem Weg auch meinem Schatten, den nicht gelebten Teil meiner Persönlichkeit, den ich bisher zur Seite getan habe – um mich später damit zu konfrontieren. Vielleicht bin ich ja gerade jetzt dafür reif. Jetzt ist später!

Also schaue ich einmal hin: Wie will ich mich auf gar keinen Fall sehen? Was blende ich aus Betriebsblindheit aus? Warum habe ich diesen Teil bisher nicht gelebt? Vielleicht ist mein Schatten zu stark, vielleicht habe ich Angst, dass er mich überwältigt.

Dann tauche ich einfach einmal ein in mein anderes Ich und lasse die *eine* Kraft in meinem Schatten wirken (den Schatten erleuchten) und beobachte, was dabei geschieht.

Sie sind gerade dabei, von der Ebene Ihres wahren Wesens aus die Ausdrücke Ihres Seins, Persönlichkeit, Eigenschaften, Schatten, alles Veränderbare zu verändern:

Ich schaue mir alles an, vielleicht stimmt es ja, vielleicht bin ich im Einklang damit. Wo nicht, kann ich es ändern.

Und weil Sie gerade so gut sind, könnten Sie noch einmal schauen, ob Ihr Tor des Himmels noch geöffnet ist – das corpus calossum, die Verbindung zwischen beiden Gehirnhälften als äußerer Ausdruck der Verbindung zwischen links und rechts, zwischen Geist und Materie, zwischen Körper und Verstand, zwischen Inkarnation und Ewigem Sein. Es ist immer der gleiche Punkt, die Verbindung zwischen dem einen und dem anderen, das physische Tor zu einem höheren Bewusstsein.

Öffnen Sie einmal durch Imagination ganz bewusst dieses Tor. Wenn Sie bereit sind, treten Sie hindurch. Und indem Sie hindurchtreten, erleben Sie den Durchbruch zur befreienden Einsicht.

Sobald ich dort wahrnehmen kann, erkenne ich die Geheimnisse des Lebens. Es ist wie ein anderes Licht. Bisher lebte ich in Dunkelheit und jetzt im Licht. Ich muss meine geistigen Augen an dieses Licht gewöhnen und lebe von da an im kosmischen Bewusstsein, erkenne mich selbst als Ebenbild Gottes.

Wenn Sie jetzt bereit sind, dann erkennen Sie sich selbst. Erkennen Sie den, der Sie wirklich sind! Und wenn Sie sich erkannt haben, bleiben Sie im Meisterbewusstsein, im unpersönlichen Leben, das heißt, Sie bleiben in der Selbst-Identifikation. Sie leben als Persönlichkeit, gestalten und verändern diese Persönlichkeit, aber Sie sind nie mehr diese Persönlichkeit. Sie bleiben in diesem Selbstbewusstsein.

Dazu gehört auch die ständige Wahrnehmung, das heißt, Sie gehen den Weg der ungeteilten Aufmerksamkeit (Sie nehmen ständig alles wahr). Und durch diese veränderte Identifikation verändert sich Ihr Verhalten, Denken, Fühlen, Reden, Lesen, Leben, Tun – alles das tun jetzt *Sie*. („Hier denkt der Chef noch selbst!"). Es ist nicht mehr der Verstand, der denkt, oder Ihre Persönlichkeit, die den Verstand benutzt und denkt. Es ist *Ihr ewiges Sein,* das denkt. Sie selbst sind der Denker. Die Gefühle kommen nicht mehr aus der Persönlichkeit, sondern aus dem Wesen, aus dem Selbst.

Jetzt interessieren Sie auch andere Dinge, Sie lesen z. B. andere Bücher. Und Sie lesen nicht nur anderes, sondern auch anders. Das Selbst liest. Sie legen/setzen abends nicht mehr die Persönlichkeit vor den Fernseher, sondern Sie selbst schauen fern. Plötzlich merken Sie, Sie selbst interessieren sich für ganz andere Dinge (bis eben hatten Sie noch diesen Geschmack, diese Vorliebe).

Ein wichtiger Bestandteil Ihres nun wesentlichen Lebens ist es, dass Sie ab jetzt nur noch Gesegnetes essen und trinken. Und nach dem Gesetz des Segnens muss alles, das Sie ehrlichen Herzens segnen, Ihnen zum Segen werden. Und natürlich ist alles, was Sie segnen, im gleichen Augenblick gesegnet. Der Schöpfer hat das Wort gesprochen. Mit dem Segen berührt das wahre Wesen, das Sie sind, ein anderes wahres Wesen. Und es geschieht Wesentliches. Also lassen Sie einmal das Segnen in Ihrem Leben Raum greifen. Lassen Sie es zu einem festen Bestandteil werden.

Beispiel: Jemand macht Ihnen Schwierigkeiten. Wenn Sie ihn ehrlichen Herzens segnen können, muss auch er Ihnen zum Segen werden, er hat keine Chance. Es funktioniert natürlich nicht auf der Persönlichkeitsebene: „Warte Bursche, dich kriege ich, dich segne ich jetzt" – das wäre kein Segen, da fehlt das ehrliche Herz.

Das heißt: Ein *Ego* kann eigentlich nicht segnen. Ein *Ich* kann segensreiche Worte sagen, und die tun auch gut, aber das ist nicht Segen. Segnen heißt ja, die stärkste Kraft des Universums segensreich in Bewegung zu setzen. Dazu brauchen Sie eine Vollmacht – Sie müssen erwacht sein. Denn erst dann sind Sie in der Vollmacht und können segnen, was immer Sie wollen.

Dann können Sie – wie Meister Eckart im 13. Jahrhundert schon gesagt hat – ledigen Gemütes durchs Leben gehen, unbelastet, frei von allem. Sie brauchen nichts mehr, aber Sie können alles haben. Und alles heißt wirklich alles.

Wenn jemand auf dem geistigen Weg ist und kein Geld hat, sein Leben sich ständig um Geldprobleme dreht, dann ist er nicht etwa ein Idealist (im Gegensatz zu einem Materialisten), sondern lebt ganz einfach nur im Mangel. Er sollte nicht stolz darauf sein, er sollte es ändern.

Fehlt Ihnen etwas zum vollen Ausdruck Ihres Lebens, dann machen Sie etwas falsch! Das, was Ihnen fehlt, fordert Sie auf, es hinzuzufügen, damit es wieder da ist (Ihnen muss nichts fehlen). Sie sind im Wesen vollkommen und können dies auch zum Ausdruck bringen.

Und wenn Sie so ledigen Gemütes sind, dann sind Sie auch in der Geistesgegenwart (ein wundervolles Wort, es heißt: Der Geist, der Sie sind, ist ständig gegenwärtig). Die eine ganze Kraft ist ständig in jedem einzelnen Teil, das angeschlossen ist, lebendig. Wie die ganze Kraft des Elektrizitätswerkes aus der Steckdose kommt, wenn Sie an das angeschlossen sind. Sie können alles Mögliche anschließen: Radio, Fernsehen, Fön, Trockner, Rasierapparat, Heizöfchen. Jetzt kommt es nur darauf an, wie viel Spannung Sie vertragen können.

Die Egofalle

Sind Reste der Persönlichkeit noch nicht integriert (Sie stehen außen vor), dann fliegt die Sicherung irgendwann heraus, weil Sie zu viel am kosmischen Netz angeschlossen haben. Der innere Widerstand ist noch zu groß. Es kommt zur Egorevolte:

Das Ego verbindet sich mit dem Verstand, und die beiden fallen über Sie her und sagen: „Wenn das alles so einfach wäre, würden ja alle ..., dann brauchte man ja nur ... So geht es ja auch wieder nicht ... Man muss dann ja schon ..." Ja, und schon sind Sie mitten in der Egorevolte.

Lebe ich geistesgegenwärtig, weiß ich, es kann nur das in mein Leben treten, was zu mir gehört. Warum tritt es jetzt oder gar nicht in mein Leben? Aber ich bin nicht das Opfer. Ich betrachte es als Schöpfer, ich habe es verursacht! Ich kann jetzt genauso verursachen: Wie geht es weiter? Was geschieht nun? Jetzt bin ich in einer bestimmten Situation, die so oder so ausgehen kann.

Und das Leben sagt: Du bist der Schöpfer, entscheide, wie es ausgeht!

Wenn Sie zum Beispiel Ihren Partner verloren haben, dann machen Sie sich bewusst: Sie haben ihn nie besessen, also können Sie ihn auch nicht verlieren. Sie sind frei. Das alles gehört zum „ledigen Gemüt" Meister Eckarts: Sie sind frei – man kann Ihnen nichts nehmen. Egal, ob Ihr Haus abbrennt, Ihr Auto gestohlen wird, Ihr Partner Sie verlässt, Sie arbeitslos werden – und Sie sagen: Na und? Es kommt immer Besseres nach! Also bin ich gespannt, wie das aussieht!

Ich freue mich schon auf das, was dadurch möglich wird. Es ist Raum geschaffen worden für neues Leben. Ich bin einmal gespannt, was da in Erscheinung tritt.

Das Leben ist es, das Ihnen sagt: „Ich bin einmal gespannt, du bist der Schöpfer! Also was soll denn geschehen..."

Und dann fangen Sie an zu träumen – Sie träumen sich Ihr Leben und schaffen sich ein klares Bild. Vielleicht wollen Sie gar kein klares Bild schaffen (Sie wollen nur sagen, was es bewirken soll), also sagen Sie dem Leben: Welche Form ist mir gleich, es muss mich einfach erfüllen! Die Form, die passt, kannst du selbst aussuchen, Leben.

Die Antwort des Lebens: Kein Problem, schaffe ich! Sie wissen nicht, wie das Verursachte aussieht, welche Form es annimmt, aber Sie wissen, dass es erfüllend auf Sie wirken wird. Und plötzlich ist alles gleichgültig – nicht egal, das ist etwas anderes – es ist gleichgültig.

Sie werden feststellen: Wenn Sie „ledigen Gemütes" gleich-gültig leben, ist alles gleich wichtig. Ein Verlust ist genauso wichtig wie ein Gewinn. Sie begreifen, dass Sie oft von einem Verlust mehr profitieren als von einem Gewinn. So wie Sie durch eine Kritik mit Sicherheit viel mehr gewinnen können als durch ein Lob. Und trotzdem haben wir so gerne Lob, solange wir noch im Ich sind. Warum eigentlich? Was habe ich gelernt? Jetzt hat man mich gelobt. Was habe ich jetzt gelernt? Bin ich einen Schritt weiter? Überhaupt nicht! Ich habe nur mein Ego herausgefordert und befriedigt.

Aber wenn mich einer kritisiert, macht er mir eigentlich das schönste Kompliment!

Er sagt mir: Ich habe mich mit dir befasst und auseinandergesetzt, ich habe versucht, dein Leben mit meinen Augen zu schauen, und ich finde, da machst du etwas falsch. Damit bietet Ihnen der andere eine Chance, einmal auf Ihr Leben mit seinen Augen zu schauen, mit seiner Erfahrung. Vielleicht hat er ja Recht, und dann bietet sich Ihnen eine Möglichkeit. Und vielleicht kannten Sie das Problem schon und Sie sagen: Ich weiß, das habe ich noch nicht geschafft.

Also ist es eine Aufforderung, durch diese Kritik wieder einmal auf das Problem hinzuschauen und eventuell etwas zu tun. Das Leben sagt: Jetzt ist genau der richtige Zeitpunkt. Bisher hast du es nicht geschafft. Also *jetzt!*

Eine andere Möglichkeit wäre aber auch, dass Sie das Problem noch gar nicht erkannt haben. Sie schauen hin und stellen fest, der andere hat Recht! Das habe ich wirklich nicht bemerkt, das ist ja ein Mangel in meinem Leben. Danke, dass ich darauf aufmerksam gemacht werde.

Oder aber die Kritik stimmt überhaupt nicht. Sie werden kritisiert und stellen fest: Stimmt nicht! Ist auch kein Problem, der andere hat sich einfach nur geirrt (das darf er ja).

Sie haben nichts mit seiner Wertung zu tun.

Gerade bei Lob und Kritik zeigt sich, wie weit wir noch im *Ego* verhaftet sind. Das *Ego* versucht sich immer zu rechtfertigen, lebt in grenzenloser Selbstgerechtigkeit.

Ledigen Gemüts leben

Wenn ich *Ego*-befreit und ledigen Gemütes durchs Leben gehe, ist das Leben immer leicht. Es ist niemand mehr da, der es schwer nimmt. Es gibt nichts schwer zu nehmen. Das Leben ist nicht leicht oder schwer. Es ist so leicht oder schwer, wie Sie es nehmen. Also könnten Sie jetzt – in diesem Augenblick – sich entscheiden, ob Sie ledigen

Gemütes durchs Leben gehen (mit ganz leichtem Gepäck, Sie brauchen nicht einmal eine Tasche).

Sie benötigen nur (äußerlich gesehen wie eine Kreditkarte) Ihre Vollmacht – die Vollmacht des Schöpfers, dort, wo Sie gerade sind, alles in Erscheinung treten zu lassen, was Sie gerade brauchen. Was wollen Sie mehr?

Es ist wie im Märchen vom Tischlein deck dich, nur in diesem Märchen musste der Tisch ewig mit herumgeschleppt werden. Sie müssen das nicht tun! Sie haben Ihren „Tisch" in sich – es ist gleichgültig, wo Sie ihn tragen, wichtig ist nur: Sie haben ihn bei sich, er hat kein Gewicht, er ist leichter als eine Scheckkarte. Wo immer Sie auch sind, Sie können es hervorrufen, und es geschieht. Und genau das heißt, ledigen Gemütes durchs Leben zu gehen.

Diese Lebenseinstellung bedeutet aber auch, in dieser ungeteilten Achtsamkeit zu bleiben – sich so bedingungslos auf das Leben einlassen, dass Sie förmlich damit verschmelzen, dass ich eins werde mit dem, was ich tue, dass mein Tun Ausdruck meines Seins ist. Ich mache keine Fehler, ich gestalte das Leben.

Die einfachsten Dinge bekommen eine Faszination, einen Adel. Ich lebe absichtslos. Es gibt kein Ziel mehr, denn es ist niemand mehr da, der im Leben vorwärts kommen möchte. Wo sollte denn dieses „vorwärts" sein? Was muss passieren, damit Sie sagen können „Jetzt bin ich vorwärts gekommen?"

Anfangs denke ich vielleicht noch an Karriere, werde z. B. Sachbearbeiter, Abteilungsleiter, Direktor, Generalbevollmächtigter, Präsident, Vorstandsvorsitzender o. ä.

Irgendwann erkenne ich, dass die Karriereleiter nirgendwohin führt, nur ans Ende. Und eines Tages habe ich die letzte Sprosse der Karriereleiter in der Hand, will gewohnheitsgemäß zur nächsten greifen und erkenne, dass keine mehr da ist. Die meisten von uns kommen gar nicht erst in diese Situation, denn sie haben noch eine Sprosse oder mehrere vor sich und glauben deshalb noch ein Ziel zu haben.

Aber die, die am Ziel sind (ganz oben) erkennen, dass die Karriereleiter nirgendwohin führt, nur ans Ende. Und wenn ich wirklich weiterkommen will, muss ich sie loslassen und erkenne so die Sackgasse aller Ego-Zielsetzungen.

Wenn ich mein Wesen erkannt habe – ich ledigen Gemütes gehe –, bin ich am Ziel. (Ich bin selbst das Ziel, ich bin angekommen). Wünsche verschwinden, denn will ich etwas (es ist es ja kein Wunsch), schaffe ich es mir, und es ist umgehend da. Ehe es ein Wunsch werden kann, ist es schon verwirklicht. Ich bin angekommen.

Und dann kann ich mich fragen: Moment – wenn ich jetzt keine Wünsche und Ziele mehr habe, nirgendwo mehr hin muss und auch nicht mehr mein Leben für die Gesellschaft, für die Menschheit oder ein hehres Ziel einsetzen muss (eine Religion verbreiten, Moral oder Tugend hoch halten) – wenn ich das alles nicht nötig habe, was brauche ich denn dann überhaupt noch?

Ich stelle fest: nichts. Die Schöpfung braucht mein Tun nicht. Ich tue alles nur für mich. Es ist niemand da, der mich hinterher dafür lobt, was ich getan habe. Es bildet sich in diesem Augenblick ein ganz neuer Maßstab, nämlich der Maßstab der Erfüllung – den Weg genießen. Der Weg entsteht, indem ich ihn gehe. Jeder Schritt ist eine Premiere. In jedem Augenblick bin ich am Ziel, denn ich muss ja nirgendwo anders mehr hin.

Das, was ich gerade tue, ist das Ziel aller Inkarnationen, die ich je gelebt habe. Es ist die Erfüllung meiner Zukunft, und im nächsten Augenblick fällt mir etwas anderes ein, erfüllt mich etwas anderes. Und dann tue ich es. Ich habe keine Absicht mehr, die ich auf die Zukunft projiziere: Nächstes Jahr machen wir das, in fünf Jahren möchte ich so weit sein, in 17 Jahren dann gehe ich in Rente und dann ... Sie leben nicht mehr „in fünf oder 17 Jahren“, Sie leben *jetzt* (das Jetzt ist nur in diesem Augenblick)! Das einzig Wichtige ist: Was erfüllt diesen Augenblick? Es ist das, was mich in diesem Augenblick erfüllt. Ich muss nur prüfen, wer ist *das Erfüllte?*

Will ich mein Ego glücklich machen oder mich selbst? Das sind zwei ganz verschiedene Dinge! Also muss ich mich entscheiden zwischen *Ego* (vielleicht werde ich glücklich, wenn ich das Bundesverdienstkreuz bekommen, von vielen Menschen gleichzeitig geliebt werde oder andere mich beneiden ...) und *mir selbst* (ich will mein Ich glücklich machen). Es ist meine Entscheidung! ... Ich kann es ohne jedes schlechte Gewissen tun, es ist nicht besser und nicht schlechter als das andere. Nur es ist angenehmer, leicht-sinnig durchs Leben gehen, leichten Fußes ohne Gepäck, ledigen Gemütes, absichtslos. Es gibt nichts mehr, dem ich ungeduldig hinterher renne. Ich bin angekommen.

Sie können *jetzt* entscheiden, ob Sie angekommen leben wollen oder noch hinter irgendetwas hinterher sind. Es ist niemand da, der Sie davon abhalten könnte. Oder doch? Dann ist es ein Ich, Ihr *Ego,* das fragt: Und was wird aus mir?!

Weisen Sie Ihr Ich nicht zurück, sondern sagen Sie: Als du trete ich in Erscheinung. Du begleitest mich. Wir haben noch einen schönen Weg miteinander vor. Und auf einmal ist das *Ego* ein guter Freund. Niemand, der stört oder an Ihnen herumzerrt, lästig wird oder Sie dauernd zu etwas verführt, was Sie in Wirklichkeit gar nicht wollen.

Als Sie *selbst* gehen Sie ganz anders mit Versuchungen um. Wenn irgendwo die Versuchung winkt, dann folgen Sie ihr! Der einfachste Weg, mit einer Versuchung fertig zu werden, ist, ihr zu erliegen. Genießen Sie es und stellen dann fest: Muss ich das noch einmal haben oder nicht? Und wenn Sie meinen, ein Seitensprung sei Ihr Glück, springen Sie! Aber Sie werden merken, der Anlauf ist das Schönste. Der Rest ist dann gar nicht mehr so wichtig.

Das heißt, machen Sie Ihr Leben frei von irgendwelchen Maßstäben (Das kann man doch nicht tun! Das verletzt, kränkt, beleidigt oder enttäuscht den anderen. „Was sollen denn die Leute denken?"). All das ist ohne Bedeutung und gehört zu dem Ballast, den Sie losgelassen haben. Sie prüfen nur noch: Bringt das was? Ist das mir wichtig?

Auf diesem Weg begegnen Sie immer wieder tugendhaften Menschen, die ein Leben lang ihrem Partner treu sind, aber immer wieder von einer „Affäre" träumen (es hätte ja mal sein können). Aber sie trauen sich nicht, können es nicht verantworten, sind einfach nur feige. Zu feige, um zu hinterfragen: Gehört ein solches Erlebnis zu mir? Denn wenn es zu mir gehört und ich lasse mich darauf nicht ein, dann bin ich in Disharmonie. Und das sollten Sie sich nicht antun.

Und das Schönste ist, Sie werden erkennen, dass viele Versuchungen, die vorher so verführerisch aussahen, Sie kalt lassen. Jetzt, wo Sie die Affären einfach haben könnten, brauchen Sie diese gar nicht mehr.

Indem Sie einer Versuchung erliegen, erkennen Sie den wahren Wert für Ihr Leben. Indem Sie es bekommen, verliert es seinen Reiz. Sie werden gegen Versuchungen regelrecht immun, denn Sie wissen, dass Sie in Wirklichkeit gar nichts verpassen. Was sollten Sie verpassen? Etwas, das gar nicht in Ihr Leben gehört?

Und dann erscheint das Eintauchen in eine Partnerschaft, in eine wirkliche Partnerschaft (das *Miteinandersein*) als ein viel faszinierenderes Abenteuer. Trauen Sie sich zunächst einmal alles, was Sie schon immer mal wollten, in Reichweite zu holen. (Ich kann jetzt ... Wenn ich es wirklich will, tue ich es).

Prüfen Sie, ob Sie es wirklich wollen. Und wenn Sie bereit sind, dann erleben Sie ein Abenteuer in der Partnerschaft einfach dadurch, dass Sie sich unwiderruflich für den anderen entscheiden. Es gibt keine Alternative mehr: Wir sind *Eins,* wir gehen miteinander.

Ihre Partnerschaft bekommt eine Qualität, die sie vorher nie hatte, eine Tiefe. Sie können mit einem Problem (z. B. der eine ist in jemand anderen verliebt) anders umgehen; Sie können sitzen, sich im Arm halten und lachen: Ja, wie gehen wir jetzt damit um? Scheitert unsere Beziehung? Was machen wir jetzt? Der große Unterschied ist, Sie gehen miteinander damit um.

Sie prüfen: Was machen *wir* jetzt? Wie gehen *wir* damit miteinander um?

Sie lösen nicht den Stecker und gehen wieder ins Ich, weil das *Ego* woanders Interessen hat, sondern bleiben im *Wir.* Es ist eine Situation entstanden, die auf Sie eine starke Faszination, einen Magnetismus ausübt – aber wir gehen damit miteinander um.

Vielleicht hat der Partner die Größe zu sagen: „Ja, tauche doch einmal ein. Probiere doch einmal aus, was es dir wirklich bedeutet. Wenn du feststellst, dass du mit dem anderen glücklicher wirst – ich möchte, dass du glücklich wirst, ich liebe dich –, dann lebe dein Glück."

Plötzlich sind die scheinbar großen Menschheitsprobleme überhaupt nicht mehr da. Wir bleiben im *Wir-Bewusstsein,* in der Einheit; wir freuen uns über die Strecke des Weges, die wir gemeinsam zurückgelegt haben.

Der neue Umgang mit Problemen

Machen Sie sich bewusst: Für das *Selbst* gibt es überhaupt nie ein Problem. Die großen Probleme – wann immer Sie eines hatten – betreffen immer nur Ihr *Ego,* nie *Sie selbst.* (Das *Selbst* hatte noch nie ein Problem.) Wenn Sie im *Selbst* sind, wird Ihnen eines Tages ganz plötzlich, ganz unbemerkt bewusst: Wo sind eigentlich die Probleme in meinem Leben geblieben?

Wenn heute jemand zu mir kommt und sagt: „Herr Tepperwein, ich habe ein Problem“, dann antworte ich immer: „Oh, wie faszinierend, ich habe schon lange keines mehr gesehen! Zeigen Sie es mir einmal! Interessant!“ Dann erzählt er mir sein Problem, und meine Antwort ist immer die Gleiche: „Wo ist das Problem? Sie schildern nur eine Situation, eine Aufgabe. Sicher, da ist etwas zu tun. Sie müssen nur etwas machen, dann ist Ihr Problem weg und die Aufgabe gelöst. Also, wo ist das Problem?“ Die immer gleiche Antwort kommt prompt: „Ja, aber das ist nicht so leicht!“ Auch hier gilt wieder: Es ist so leicht oder so schwer, wie man es nimmt!

Das eigentliche Problem ist immer, dass da ein *Ego* ist, das etwas nicht möchte; ein Wesen, das sich aus Selbst-Vergessenheit mit dem Ich identifiziert. Und dann ist das Problem, die Lage, die Aufgabe plötzlich nicht nur schwer, sondern oft aussichtslos. Auf der Ebene des Ichs gibt es da oft gar keine Lösung. Das einzige Problem, das Sie haben, ist Ihr *Ego!*

All das und noch viel mehr ist geistiges Erbe, hat Sie durch Inkarnationen begleitet und darauf gewartet, dass Sie es erkennen. Und auch jetzt, in diesem Moment, schaut Sie das Leben an und fragt, wie weit bist du für dein eigentliches Leben bereit? Für die Leichtigkeit des Seins? Für das ledige Gemüt? Für den Schöpfer, der mit leichter Hand in seinem Leben in Erscheinung treten lässt, was immer er will? Wie weit bist du bereit? Irgendwann?

Warum ist irgendwann nicht jetzt?! (Wenn es nur das wäre, was Sie *jetzt, heute* und *hier* mitnehmen, dann wäre es schon genug). Es würde Ihr Leben ändern und wäre sehr viel mehr als Intuition zu trainieren. Es wäre ein entscheidender Schritt, dass Intuition immer stattfinden kann.

Intuition ist dann dem Radarsystem der Fledermäuse vergleichbar. Auch wenn es stockdunkel ist, finden Sie *problemlos* ihren Weg. Sie brauchen nicht überall mit dem Kopf vor die Wand zu rennen und zu sagen: Aha, wieder ein Problem. Ihre Intuition führt Sie so, dass Sie Ihren Kopf für etwas anderes brauchen können, als sich ständig Beulen zu holen. Sie bewegen sich so sicher wie Fledermäuse in der Dunkelheit.

Sie lesen dieses Buch, um Intuition zu lernen, und als Voraussetzung für die Intuition finden Sie zu sich Selbst, beantworten Ihre eindringlichste Frage: *Wer bin ich?* Denn diese Frage dringt in Ihr Wesen ein. Sobald Sie sich gefunden haben, fällt Ihnen Intuition in den Schoß, Sie brauchen nichts mehr zu lernen. Es ist Ihre Entscheidung.

Werde was du bist!

Wir müssen lernen, uns so anzunehmen, wie wir sind. Denn wir sind alle noch egoistisch genug zu prüfen: Wie ist es bei mir? Habe ich mich angenommen? Wo lehne ich mich noch ab? Warum? Wer bin ich wirklich? Wer ist der Höchste, die Beste, der Größte, die Schönste, der Stärkste usw. Ich lehne mich nur ab, weil ich auf einen äußeren Schein schaue (Verhalten, Aussehen). Ich wäre gerne schlanker, größer, breiter, stärker, intelligenter, lauter ...

Ich wäre gerne anders, als ich bin. So wie ich bin, nehme ich mich nicht an.

Wenn ich mich aber dahinter selbst wahrnehme, dann erkenne ich (und das ist vielleicht eines der erschütterndsten Erkenntnisse im Leben): Das *Ich Bin* möchte in mir genauso in Erscheinung treten, wie ich bin, mit allen „Fehlern", „Schwächen", „Unzulänglichkeiten". Wenn ich so wäre, wie ich gerne sein würde, wie ich mich besser leiden könnte, wäre ich gar nicht so, wie das *Sein* durch mich in Erscheinung treten möchte. Ich wäre unstimmig. Ich würde einem Ideal einer Vorstellung nachlaufen. Ich würde eine Vorstellung verwirklichen wollen und nicht die Wirklichkeit.

Sie haben jetzt die Chance, einmal zu spüren: Wie bin ich wirklich gemeint? Und: Warum will das *Ich Bin* so in Erscheinung treten und nicht anders (nicht, wie ich gerne möchte, wie mein Ideal von mir wäre)?

Plötzlich (aktivieren Sie Ihre Intuition) erkennen Sie: Ich bin genau richtig! Ich habe nur eine Illusion von „besser", aber es gibt kein „besser".

Stellen Sie sich ein Puzzle vor, bei dem nur noch ein Teilchen fehlt. Und Sie sind das fehlende Teil, haben die richtige Form, passen nahtlos in die Lücke. Aber Sie sind unzufrieden und schnippeln an sich herum, wollen runder und glatter sein. Nur, jetzt passen Sie nicht mehr in das Puzzle und es ist kein komplettes Bild. Sie haben Ihre wahnhafte Vorstellung verwirklicht, doch die Schöpfung gestört.

Nutzen und erkennen Sie Ihre Chance: So wie ich bin, bin ich gemeint, werde ich gebraucht. Das *Ich Bin* drückt sich durch mich so aus. Ich bewundere vielleicht jemanden, wäre gerne so, aber dann würde ich meinen Platz nicht ausfüllen, dann würde ich nicht stimmen. Das ist nur eine illusionäre Vorstellung. Und die andere Person, die ich bewundere, ist nicht besser, sondern nur anders.

Das *Ich Bin* verwirklicht Vollkommenheit – Vollkommenheit heißt alles. Die richtige Art des Umgangs mit sich heißt zu fragen: Was will das *Ich Bin* denn durch mich zum Ausdruck bringen? Das *Ich Bin* will nicht in jedem Sieger sein oder an der Spitze stehen, also spüren Sie einmal hin: Was will das *Sein* durch mich in dieser Inkarnation zum Ausdruck bringen? Und gehen Sie davon aus, dass Sie, so wie Sie sind, stimmen.

Das heißt nicht, dass Sie nichts verändern sollten und alles fließt (Sie bleiben ja nicht so, Sie entwickeln sich ja). Aber ohne sich grundsätzlich zu akzeptieren, kann auch der Fluss der Veränderung nicht in Gang kommen.

Und dann spüren Sie auch, woher dieses Nichteinverstanden-Sein mit sich kommt: Weil Sie tief in sich die Ahnung haben, von Ihrem wahren Wesen aus vollkommen zu sein. Sie übersetzen diese Ahnung von Vollkommenheit in Ihre Vorstellung von Vollkommenheit (z. B. schlank und schön, jung, vital, erfolgreich, geliebt), doch dann sind wir in der Vorstellung und nicht mehr im Wesen.

In diesem Augenblick erkennen Sie, dass Ihre höchste Vorstellung von Vollkommenheit in Ihrem wahren Wesen bereits verwirklicht ist – es gibt nichts zu verbessern. Dieses wahre Wesen ist derzeit so, wie Sie sind und sich ausdrücken möchten. Es gibt nichts zu verbessern. Sie stimmen.

Was nicht stimmt ist, dass Sie anders stimmen wollen, als Sie stimmen. Könnten Sie es erreichen, würden Sie nicht mehr stimmen. Aber weil Sie anders sein wollen, als Sie sind, stimmt es nicht, obwohl es stimmt. Also könnten Sie jetzt *Ja* zu sich sagen, erkennen, dass Sie so gemeint sind. – Ich bin so gemeint, wie ich bin (zu sich stehen).

Und dann erst kann die Power, das Wissen, Ihr ganzes Potenzial in Erscheinung treten.

Sie müssten auch die ganzen Vorbehalte streichen: Ich möchte das geschliffener zum Ausdruck bringen. Ich möchte eine wohlklingendere Stimme haben. Ich möchte, dass jeder sofort aufschaut, wenn ich nur den Raum betrete. Ich möchte alles haben. Ausstrahlung und Charisma usw. Alles das würde mir besser gefallen, aber nicht mehr stimmen. Wenn ich alle diese Illusionen loslasse, dann kann ich zu mir stehen.

Gehen wir von dieser Plattform der Selbstakzeptanz jetzt noch einen Schritt weiter.

Schauen wir einmal Ihr wahres Wesen an, die Grundstruktur Ihres Seins, das unveränderliche Sein, das durch die Inkarnationen geht. Wer sitzt da in Wirklichkeit und liest dieses Buch.

Eine Antwort könnte sein: Da ist eine schamanische Energie, und sie wird behindert durch die Vorstellung, wie sie sein möchte.

Nehmen wir ein Bild: Eine Raupe steht vor der Verpuppung zum Schmetterling. (In ihrem Inneren weiß die Raupe, dass sie ein Schmetterling ist). Sie schaut in den Spiegel (sieht eine Raupe) und ist mit sich überaus unzufrieden. Sie beneidet die anderen Schmetterlinge und wird blass vor Scham, traut sich kaum noch ans Licht. Dabei ist dieses Raupendasein unverzichtbar, um Schmetterling zu werden. Die Raupe ist so, wie sie gemeint ist. Sie ist in diesem Augenblick stimmig, auch wenn sie noch weit davon entfernt ist, fliegen zu können.

Also sollten auch wir die Stufen unserer Entwicklung nicht in einer Momentaufnahme beurteilen. Vielleicht spürt die Raupe: Ich muss mich verändern. Und dann spinnt sie sich ein, und ein Kokon entsteht. Sie schaut wieder in den Spiegel und denkt: Das ist ja noch schlimmer! Jetzt bin ich ja auch noch bewegungslos! Ich dachte, ich käme endlich einmal vorwärts – und jetzt *das*!!!

Dazu noch eine ganz wichtige Erkenntnis, die wir schon besprochen haben: Eine mächtige Energie (ein Mensch) sieht, wie der Schmetterling in diesem Kokon kämpft, um ihn zu öffnen. Der Mensch hilft mitleidvoll, nimmt eine Schere, schneidet ganz vorsichtig den Kokon auf und hilft dem Schmetterling heraus. Was passiert in der Natur, wenn ein Schmetterling auf diese Weise befreit wird, an einen Erlöser gerät!? Der Schmetterling kann nicht mehr fliegen lernen. Er braucht das Training, die Kraft, um den Kokon zu sprengen, damit seine inneren Bahnen, seine Strukturen sich in den Flügeln füllen und zum Flügel erstarren können. Wenn diese innere Kraft sich nicht entwickeln kann, weil ein anderer vorzeitig eingreift, dann wird aus dem selbsternannten Erlöser des Schmetterlings sein Mörder!

Übertragen Sie dieses eindrucksvolle Bild auf Ihr Leben! Sie sind in einer Situation, in der Sie sagen: Das hätte ich schon gern hinter mir. Wenn nur jemand kommen und mich aus meinem Kokon erlösen würde ... (Das wäre die Raupe/Schmetterling-Situation.) Käme der Erlöser und würde Sie befreien, wären Sie nicht wirklich erlöst. Sie wären nur im ersten Moment froh, um dann zu erkennen: Jetzt habe ich diese Chance verpasst. Ich muss erst wieder sterben, diese Inkarnation ablegen, und dann lasse ich mich *nie* wieder erlösen.

Denn beim nächsten Mal möchte ich wirklich fliegen! Und dazu muss ich mich anstrengen. Vielleicht schaffe ich es nicht, vielleicht bleibe ich drin, aber dann habe ich so viel Energie entwickelt und so viel Kraft, dass ich es beim nächsten Mal schaffe. Wenn mir einer hilft, schaffe ich es mit Sicherheit nicht.

Warum warte ich überhaupt auf die nächste Inkarnation? Warum könnte ich nicht jetzt alle Aufgaben lösen, das Spiel hier zu Ende spielen? Was fehlt mir?

Was fehlt, ist immer das Erkennen der Wirklichkeit, ist Intuition, intuitive Wahrnehmung meiner eigenen Wirklichkeit.

Innen drin trage ich das Bild des Schmetterlings in mir, der fliegt. Wenn die Raupe an das Fliegen denkt und versucht zu fliegen, wird daraus nichts. Sie fällt höchstens vom Blatt. Doch der Schmetterling denkt gar nicht nach, er fliegt einfach. Doch – um dieses Bild jetzt noch weiter auszumalen – wenn der Schmetterling immer noch im Raupenbewusstsein ist (sagen wir einmal das Selbst im Ego-Bewusstsein), dann versucht der Schmetterling durch die Luft zu kriechen, denn das ist die einzige Erfahrung, die er kennt. Nur das funktioniert auch nicht. Durch die Luft kriechend fällt der Schmetterling herunter.

Auf Ihr Leben übertragen: So, wie Sie bisher vorwärts gekommen sind, kommen Sie nicht weiter, denn dann kommen Sie nicht vorwärts. Sie müssen nach der Transformation, der Metamorphose jetzt fliegen! Sie müssen sich in eine andere Dimension erheben.

Jeder von uns ist auf diesem Weg. Und Sie können prüfen, wo Sie stecken: in der Raupe, im Kokon oder im Schmetterling. Dieses Buch ist eine Aufforderung, zu erkennen, wer Sie sind, um sich so aus dem Kokon zu befreien und zu fliegen. So werden Sie der, der Sie sind: ein Schmetterling. Oder ein Wesen auf dem Weg dahin. Und dann entscheide ich: Wann gestehe ich mir zu, dass ich endlich fliege?

Also machen Sie sich bewusst: Wer bin ich? Was ist eigentlich mein Kokon? Was beengt mich noch? Was trennt mich vom Fliegen? Wie komme ich da heraus?

Stellen Sie sich nie die Frage: Wie fliege ich denn? Oder: Wie fliegt man? *Man* fliegt nicht. *Sie* fliegen einfach! Wenn Sie nachdenken, gelingt es nicht mehr.

Das erinnert mich an die Geschichte von der Schnecke und dem Tausendfüßler:

Der Tausendfüßler marschierte zügig vor sich dahin, überholte rasend eine Schnecke. Die ruft ihm nach und sagt: „Ach, bewundere ich dich." Die Schnecke war eine gute Psychologin. Der Tausendfüßler schaute sich um und sagte: „Ja, wieso?" Denn er wollte mehr der Bewunderung hören! Daraufhin die Schnecke: „Ich weiß nicht, wie du das machst, dass du erst das 142. Bein nimmst und dann das 143. Bein, dass du nicht aus Versehen erst das 143. Bein und dann erst das 142. Bein bewegst." Und der Tausendfüßler dachte darüber nach und bekam kein Bein mehr vor das andere.

Genau das ist der Punkt! Wir verfangen uns in der Falle unseres Denkens (überlegen und dann wird nichts mehr daraus), anstatt einfach zu sein und zu tun, was zu tun ist.

Haben Sie die Entscheidung jetzt für sich getroffen? Sie könnten es jetzt tun, das alte Bild von sich loslassen, hervortreten, sich auf eine neue Ebene bewegen, den Tanz der Evolution vollziehen. Damit ich das Wesen, das ich bin, zum Ausdruck bringe, ich seine Gestalt annehme, dass ich mein wahres Wesen auslebe, mich spüre als der, der ich bin, und mir bewundernd zuschaue, dass ich das alles kann, wie ich es vollziehe.

Also werden Sie sich klar: Wann sind Sie bereit, hervorzutreten? Ja zu sagen zu sich selbst, in Erscheinung zu treten, zu sein. Die Tür ist offen.

Intuition wahrnehmen

Intuition kann man nicht lernen, man kann sie nämlich nicht lassen. Intuition geschieht ständig. Es geschieht so automatisch wie hören und sehen. Versuchen Sie einmal mit dem Hören aufzuhören. Sie können es nicht. Sobald ein Geräusch ist, hören Sie es. Sie können es ignorieren, aber Sie hören es. Sie bemerken es bloß nicht, dass Sie es hören.

Beispiel: Sie haben eine Wanduhr von Ihrer Großmutter geerbt, die jetzt in Ihrer Wohnung hängt. Tick, Tick, Tick ... Wie lange hören Sie das? Nach einer Weile nehmen Sie es nicht mehr wahr. Aber natürlich ist das Ticken nicht weg. Sie können jederzeit wieder hinhören, dann hören Sie wieder Omis Wanduhr: Tick, Tick, Tick ... Sie wenden sich etwas anderem zu, und das Ticken verschwindet wieder. Aber Sie wissen natürlich: Es ist nie weg und es ist nie da, es war die ganze Zeit da; es geschieht ununterbrochen. Sie haben nur nicht mehr darauf gehört.

Und genauso geschieht Intuition: ständig, automatisch. Sie können sie im Bewusstsein nicht abstellen. Wenn Sie nicht bei Bewusstsein sind, ist es genauso, als ob Sie mit Ihrem Verstandesbewusstsein bewusstlos sind. Rundherum geschehen Geräusche, Ereignisse, Dinge (Menschen bewegen sich, sagen etwas), tun etwas, aber Sie sind bewusstlos. Sie nehmen es nicht wahr.

Wenn Sie dann wieder langsam zu Bewusstsein kommen – vielleicht haben Sie das ja schon einmal erlebt –, dann springt Sie nicht plötzlich wieder ein klares Bild an (als ob Sie den Fernseher einschalten würden), sondern Sie hören auf einmal wieder Geräusche. (Sie haben zunächst noch keine Bedeutung, Sie können die Worte noch nicht unterscheiden, Sie hören nur Geräusche). Ihre

Augen sind offen, und dann beugt sich irgendetwas über Sie, das sind zwei Augen, und Sie merken, die gehören zu einem Gesicht.

Das heißt, so allmählich treten Ihre Sinne wieder in Funktion, Sie können wieder damit umgehen, was Sie da sehen. Und dann erkennen Sie, wer sich da über Sie beugt, und hören jetzt wieder bewusst, was er sagt. Dieser Mensch war die ganze Zeit da und hat auch die ganze Zeit etwas gesagt, aber Sie haben es erst gar nicht wahrgenommen, weil Sie nicht bei Bewusstsein waren. Als Sie dann zu Bewusstsein kamen, waren die Worte noch undeutlich. Allmählich wurde das Bild klarer, der Klang verständlicher und irgendwann haben Sie wieder alles wahrgenommen.

Im Prinzip ist es mit der Intuition genauso. Stellen Sie sich vor, Sie waren 20 Milliarden Jahre bewusstlos, seit der Involution durch die ganzen Stationen, die Sie gegangen sind: Stein, Pflanze, Tier, Mensch, erwachter Mensch, Gott. Sie kommen jetzt gerade zu Bewusstsein und sind in der Phase, wo die Bilder noch undeutlich und die Klänge nicht verständlich sind: wo man also lernen muss, die Wahrnehmung wieder wahrzunehmen.

Drei Schritte zurück zur Wahrnehmung

Schritt 1: Ich muss zu Bewusstsein kommen, sonst nehme ich überhaupt nichts wahr. Ich muss geistig zu Bewusstsein kommen, das heißt zu meiner wahren Identifikation. Ich muss mir wieder bewusst machen, wer ich wirklich bin, und mich als den erkennen, annehmen, mich damit identifizieren – dem *Bewusstsein.* Ich erwache als Teil des einen Bewusstseins. Das ist der erste, wichtigste Schritt. Diesen Schritt aus verschiedenen Zugängen zu vollziehen, haben wir den überwiegenden Teil dieses Buches jetzt vollbracht – bis hin zum Verständnis, Ebenbild Gottes zu sein.

Und von diesem Moment an, wo ich zu Bewusstsein komme, bin ich wieder dort, wo Intuition stattfindet. Ich nehme automatisch wahr, ob ich will oder nicht. Ich kann es nicht stoppen.

Schritt 2: Die Wahrnehmung der Wahrnehmung, die Wahrnehmung der Intuition. Ich muss jetzt wieder auf das Ticken hören, damit es wieder in mein Bewusstsein tritt.

Sie hören ein Geräusch, wahrscheinlich haben Sie es eben nicht gehört, achten Sie einmal darauf. Haben Sie das Geräusch vor zehn Minuten gehört oder sich nur daran erinnert, dass es immer da war (Sie haben es ja schon oft gehört, immer wieder mal). Ich verspreche Ihnen, jetzt wo Sie darauf aufmerksam gemacht worden sind, es wird irgendwann nicht mehr da sein. Und irgendwann wird Ihnen wieder einfallen: Ach, jetzt höre ich dieses Geräusch. Sie denken daran und schon hören Sie es wieder.

Sie haben es die ganze Zeit gehört, Sie können Ihre Ohren ja nicht schließen. Das Geräusch ist auch nicht lauter oder leiser geworden; es scheint nur lauter zu werden, wenn ich hinhöre. Genau das ist der Punkt.

Ich weiß jetzt, wenn ich bei Bewusstsein bin, wenn ich den ersten Schritt getan habe: wieder hinhören, hinschauen, hinfühlen. Ich muss also meine Achtsamkeit auf die Wahrnehmung, auf die Intuition richten und darauf gerichtet halten, um sie bewusst wahrzunehmen.

Schritt 3: Der optimale Umgang mit dem Wahrgenommenen. Ich muss mir bewusst machen: Welche Konsequenzen ergeben sich daraus? Was bedeutet es denn jetzt für mich, und was ist jetzt zu tun? Erst wenn ich Intuition verstehe und befolge, wird sie sinnvoll.

Übung 8:
Farben spüren

Sie kaufen sich ein paar Farbplättchen oder nehmen Plakatkartons in verschiedenen Farben und schneiden sie sich auf Postkartengröße zurecht. Schließen die Augen, mischen die Karten und legen das Päckchen vor sich hin. Gehen Sie bei geschlossenen Augen mit Ihren Händen über die Farben. Was für eine Farbe haben die verschiedenen Karten? Versuchen Sie mit Ihrer Hand diese Farbe zu erfühlen.

Sie werden auf Anhieb nicht die Farbe jeder einzelnen Karte sagen können, das bedarf einiger Übung, aber Sie gehen darüber und stellen fest: Die Karten fühlen sich verschieden an! Sie können das „verschieden" jetzt noch nicht übersetzen in Rot – Blau – Grün, aber Sie spüren auf Anhieb, dass diese Farben unterschiedliche Energien aussenden.

Jetzt versuchen Sie die Empfindung in Ihren Händen zu differenzieren (wir trainieren die Differenzierungsfähigkeit unserer Wahrnehmung), zum Beispiel: Die Farbe dieser Karte empfinden Sie als kleine, kurzwellige Schwingung. Bei Rot spüren Sie wahrscheinlich Wärme (langwellige Schwingung, weich). Bei Blau gehen Sie zu nah ran, Sie fassen vielleicht die Karte an, gehen dann wieder zurück, weil Sie erst nichts spüren; da ist so eine Ruhe, Tiefe. Sie spüren auf Anhieb Unterschiede. Nehmen Sie anfangs nur drei verschiedene Farben, damit Sie sich nicht verwirren und klassifizieren – immer noch mit geschlossenen Augen – diese drei Schwingungen.

Nehmen Sie Ihre Empfindungen wahr: Die linke Karte hat eine weiche, langwellige Schwingung, aber so mit einem strubbeligen Unterton. Aha, die mittlere erzeugt Weite, ist aber flacher. Bei der dritten Karte habe ich das Gefühl, dass sie Tiefe hat ... da kann man richtig reinschlüpfen. Ich spüre Weite, und sie fühlt sich ein bisschen wie Samt an.

Erst jetzt, wenn Sie mit geschlossenen Augen diese drei Empfindungen auch einmal verbal formuliert haben, also sich die Unterschiede bewusst gemacht haben, schauen Sie die Karten an. Und Sie stellen fest: „Aha, links ist Rot, in der Mitte Grün und rechts ist Blau."
Haben Sie den ersten Versuch gründlich durchgeführt, werden Sie es wahrscheinlich beim zweiten Versuch schon können. Der erste Schritt ist der wichtigste: Sie müssen sich mit geschlossenen Augen die Unterschiede bewusst machen. Sie wissen aber noch nicht, welcher Charakter zu welcher Farbe gehört. Und das merken Sie sich, indem Sie hinschauen.
Führen Sie die Übung dann mit einem Partner durch. Ich empfehle es Ihnen! (Dabei kommt vielleicht folgender Dialog zustande: „Ich kann Rot gut unterscheiden, Rot fühlt sich so an." – „Nein", sagt der andere, „bei mir fühlt sich Rot ganz anders an." Und dann stellen Sie fest, der andere nimmt diese Schwingungen anders wahr, beschreibt sie anders! Aber er behauptet auch von sich, dass er die Farben in ihren Schwingungen gut unterscheiden kann. „Für mich fühlt sich Blau an, als sei es Glas; kühl und glatt." Und Sie sagen vielleicht: „Nein, ich habe das Gefühl von Tiefe. Ich kann einen Meter in die Farbe gehen." Der andere wieder: „Nein, nein, ganz klare und glatte Oberfläche!")
Was ich Ihnen mit diesem gespielten Dialog sagen will, ist Folgendes: Möglicherweise interpretiert jeder die Schwingung anders, assoziiert dieses Schwingungsmuster mit anderen Erfahrungen, doch – und darauf kommt es an: Jeder kann es! Und dann ist es gar kein Wunder mehr, Farben mit den Händen wahrzunehmen. Sie müssen nur den ersten Schritt sorgfältig vollziehen, damit Sie spüren, wie Sie jede einzelne Farbe speziell wahrnehmen. Das ist das ganze Geheimnis.

Sie können in keinem Buch nachlesen, wie man die einzelnen Farben mit den Händen wahrnimmt. Das nützt Ihnen auch nichts, denn es wären bestenfalls die Empfindungen des Autoren.
Lernen Sie immer mehr, Ihre Wahrnehmung zu spüren, zu differenzieren und Ihrer eigenen Interpretation zu vertrauen.
Sie können diese Übung gerne erweitern und alle Ihre sinnlichen Wahrnehmungen sensibilisieren. Sehen Sie mit geschlossenen Augen, aber mit den Händen. Hören Sie mit verschlossenen Ohren (Oropax oder Ähnliches), aber mit der Haut.
Nehmen Sie Düfte anders wahr als über die Nase. Schmecken Sie eine Speise, ohne von ihr zu kosten.
Wenn Sie diese Übung erweitern, fangen Sie an, Ihre Wahrnehmung in ihrem ganzen Spektrum zu erweitern. Dann wird unser ganzes Leben reicher, sensibler, sinnvoller. Das ganze Leben wird ein sinnliches Abenteuer, weil wir auf allen Frequenzen wahrnehmen! Je sinnlicher wir sind, desto offener sind wir auch für die Intuition!
Eine andere Übung, die Sie in diesem Sinne durchführen können: Sie nehmen einen Beutel Orangen. Orangen sind für uns wie Asiaten, alle sehen scheinbar gleich aus.
Wenn Sie einmal den Blick für Asiaten geschärft haben, dann erkennen Sie, dass sie überhaupt nicht gleich aussehen, so wie auch wir unterschiedlich sind. Genauso haben auch Orangen ihre Persönlichkeit, die Sie wahrnehmen können! Wählen Sie sich eine Orange aus, betrachten sie und entdecken die Persönlichkeit Ihrer Orange. Dann legen Sie diese Orange zu den anderen, mischen alles durcheinander und suchen Ihre Orange wieder.

Und: Sie werden sie finden! Obwohl alle Orangen gleich perfekt aussehen, werden Sie Ihre Orange finden. (Wenn Sie es nicht glauben, dann kennzeichnen Sie die Orange unauffällig mit einem kleinen Punkt.)
Diese Übung vermittelt leicht zu erreichende Erfolgserlebnisse, die Sie beim Training Ihrer Wahrnehmung, Ihrer Sensibilität brauchen. Nutzen Sie solche einfachen Methoden!
Ich wäre gerne Koch geworden und kann eines sehr gut: Ich brauche nichts zu probieren, ich rieche einfach, welches Gewürz fehlt. Und ich rieche auch, welches ungewöhnliche Gewürz ich dazu tun könnte; kann es schmecken, bevor ich es in die Speise getan habe. Ich stelle mir vor, ich würze die Speise und weiß, wie es schmeckt, ohne dass ich probieren muss.
Oft genug passiert es mir, dass ich das Resultat meines „virtuellen Würzens“ in meiner Vorstellung bereits schmecke und merke: Schmeckt gar nicht! Also würze ich nicht damit.
Versuchen Sie immer mehr „geistsinnlich“ zu handeln und wahrzunehmen, auf einer bestimmten Ebene zu operieren, ohne etwas zu tun und das Resultat zu bewerten, ohne dass ein irreversibler Schaden angerichtet wird.
Damit sind wir beim nächsten Schritt. Wenn wir uns sensibler gemacht haben, werden wir ganz schnell erkennen: Sie nehmen viel mehr wahr, als Sie dachten, Sie müssen nur hinlauschen, den Regler auf *Voll* stellen und auf Empfang gehen, damit es immer deutlicher wird. Aber sinnvoll wird diese Sensibilisierung für unsere Wahrnehmung erst, wenn wir Konsequenzen daraus ziehen.
Also machen wir diese Erfahrung jetzt praktisch für unsere Intuitions-Übung.

Nehmen wir an, Sie stehen vor einer Entscheidung und es gibt mehrere Möglichkeiten, Alternativen. Ein Weg, der sehr hilfreich ist: Sie schreiben jede Alternative auf einen Zettel, knüllen die Zettel zu Kügelchen und werfen sie auf den Tisch. (Ob Sie es mit geschlossenen oder offenen Augen tun, spielt keine Rolle.) Sie sagen zu sich selbst: Ich ziehe jetzt die für mich stimmige Lösung. Dann gehen Sie mit Ihren sensibilisierten Händen über die Kügelchen und ziehen die stimmige Lösung. Sie werden überrascht sein, was Sie ziehen. Und denken Sie daran: Die intuitive Lösung ist in der Regel eine andere als die rationale.

Übung 9: Partnerübung

Wir haben im Übungskomplex 8 die Erweiterung der sinnlichen Wahrnehmung an sinnlichen Objekten trainiert (Farben, Speisen). Es ist überaus wichtig, diese Wahrnehmung auf Menschen zu übertragen, die Wahrnehmung von Menschen zu erweitern, denn Telepathie ist eine wichtige Dimension der Intuition.
Es ist sehr hilfreich, auch mit einem Partner die Intuition gemeinsam zu trainieren. (Besonders mit einem Kind, worauf ich Sie bereits hingewiesen habe.)
Setzen Sie sich Ihrem Partner gegenüber, probieren Sie es energetisch aus. Nehmen Sie verschiedene Positionen ein: Setzen Sie sich so, dass Sie sich direkt ins Angesicht sehen; setzen Sie sich so, dass Sie aneinander vorbeischauen; setzen Sie sich mit dem Rücken zueinander. Variieren Sie die Nähe und vor allen Dingen: Nehmen Sie wahr, wie die Energie sich zwischen Ihnen ändert – je nach Position und Distanz!
Sie werden schnell spüren, dass jede Position eine andere Qualität hat: Wenn es also um Sachlichkeit geht, wenden Sie sich dem anderen halb zu. Man trifft sich am neutralen Ort – hier treffen sich Ihre Energien –, und es wird ein sachliches Ergebnis. Das ist eine Sitzposition, wo Sie gemeinsam Argumente austauschen und rationale Entscheidungen treffen können.
Wenn Sie sich dem anderen ganz zuwenden, werden die Informationen stärker, aber Ihre Emotionen mischen sich ein. Sie müssen jetzt hinspüren, was Sie empfangen. Was ist Projektion und was ist Intuition? Diese Position eignet sich, wenn Sie ein sehr emotionales Gespräch führen wollen (z. B. sich gegenseitig die Wahrheit zu sagen).

Das Sitzen Rücken an Rücken ist für gemeinsamen intuitiven Empfang bestens geeignet. Sagen Sie sich, was für Signale Sie vom anderen wahrnehmen. Oder vereinbaren Sie eine beide betreffende Frage. Jeder sagt (möglicherweise auch gleichzeitig und durcheinander), was er zu dieser Frage intuitiv empfängt, lässt alles unzensiert fließen. Diese Form bedarf jedoch etwas Übung. Es ist aber eine wunderbare Übung, um in Gleichklang zu kommen!
Probieren Sie auch, was sich ändert, wenn Sie den anderen berühren: die rechte oder die linke Hand auf die Schulter des anderen und die andere Hand auf Ihr Herz. (Ihr Herz nicht dort, wo es organisch sitzt, sondern auf die Mitte. Und dann probieren Sie einmal aus, welche Hand rezeptiver (=stimmungsaufnehmend) ist. Jetzt stellen Sie sich die Frage: Wo brauche ich die rezeptive Hand? Brauche ich sie auf der Schulter des anderen? Oder brauche ich sie auf meinem Herzen? Probieren Sie die möglichen Varianten aus.
Sie testen den energetischen Unterschied. Und damit machen wir wieder zwei Dinge: Sie lernen eine Technik (Sie probieren gerade aus, welche Technik am wirkungsvollsten, am praktikabelsten für Sie ist) und gleichzeitig machen Sie ein Sensibilisierungstraining, denn Sie müssen ja ständig energetisch wahrnehmen.
Sie setzen sich neben Ihren Partner und schalten auf intensive Wahrnehmung. Wie ist das energetisch? Wie fließt es? Verändern Sie immer wieder die Position (zu-/abgewandt, gegenüber usw.), dabei fühlen Sie die energetischen Unterschiede.
Wenn Sie so ein Gespür für sich entwickelt haben, dann schließen Sie einmal die Augen (am besten mit einem Tuch verbinden wie bei „blinde Kuh") und bewegen sich so geräuschlos wie möglich und langsam im Raum (es sollte ein großer Raum sein, vielleicht sogar im Garten).

Und Sie spüren einfach, wo dieses Signal jetzt ist. Wo befindet sich der andere? Nehmen Sie ihn immer noch wahr?
Wenn Sie wollen, können Sie sogar Ihre Hand ausstrecken und wie eine Antenne führen.
Oder, um diese Übung weiter zu variieren: Sie stellen sich mit verbundenen Augen gegenüber, und der andere ändert die Entfernung. Sie wissen genau, er ist da. Aber ist er jetzt in zwei Meter, fünf Meter, 80 Zentimeter, zehn Meter Entfernung? Sie spüren, in welcher Entfernung der andere ist. Der Empfangende in dieser Paarübung kommentiert: „Du kommst mir langsam näher.“ (Ein Meter entfernt.) „Jetzt entfernst du dich von mir.“ (Zwei Meter.) „Jetzt nehme ich dich nicht mehr vor mir wahr, sondern mehr rechts.“ ... Der andere gibt erst am Ende sein Feedback, z. B. 80 Prozent Treffer.
Wenn sich die Partner annähern, dann spüren sie auch, wann sie in das Feld des anderen eintauchen. Wo beginnt der andere? Ab wann nehme ich ihn in diesem Feld wahr? Wo sind die Grenzen meines Energiefeldes, in dem ich einen „Eindringling“ spüre? Das sind wichtige Sensibilisierungsübungen mit anderen Menschen, die Sie gleich in der Praxis durchführen sollten.
Nehmen wir noch eine Übung dazu: Sie intuitieren die Aussage eines Händedrucks.
Gehen Sie einmal in Ihre Wahrnehmungsform eines Händedrucks. Vergegenwärtigen Sie sich zehn Menschen, denen Sie die Hände gegeben haben, und erfassen Sie energetisch diesen Händedruck. Wie unterscheidet sich der Händedruck bei diesen Personen? Was bedeutet es bei dem einen, was bei dem anderen? Und achten Sie in der nächsten Zeit auf diese Unterschiede, wenn Sie Menschen wieder die Hand geben.

Übrigens: Welche Botschaft vermitteln Sie durch die Art Ihres Händedrucks? Was möchten Sie vermitteln? Wie sollte Ihr Händedruck sein, dass er genau das vermittelt?
Versuchen Sie auch, einen Händedruck selektiv wahrzunehmen: Ich achte nur auf seine Gesundheit, eine Sekunde, nicht länger. Was habe ich jetzt intuitiv für eine Botschaft über den Gesundheitszustand des anderen bekommen?
Bei einem anderen fragen Sie sich, wie ehrlich er ist. Nicht jetzt in diesem Moment, sondern generell oder in einer bestimmten Frage. Sie können selektiv wahrnehmen, was immer Sie wollen.
Sie stellen sich auf etwas ein, und der andere hat beim Händedruck schon alles geäußert. Er hat nur ganz höflich ‚Guten Tag' gesagt und Sie wissen jetzt alles. Sie könnten sich hinsetzen und zu Papier bringen: Wem bin ich gerade begegnet? Persönlichkeitsprofil, Vergangenheit, Entwicklung in der Zukunft, Potenzial, was in ihm steckt usw.
Sie können das! Und die Gewissheit dessen sollte Teil Ihres Selbstbewusstseins sein. Unterstellen Sie einfach, dass Sie die Fähigkeit haben und dass Sie gerade dabei sind, diese Fähigkeit zu trainieren.

Die stärkste Kraft

Viele Menschen glauben, dass sie sich schützen müssten, weil sie sich ständig angegriffen fühlen, energetisch von Vampiren ausgesaugt werden.

Sind Sie bereit, den Gedanken in Ihr Bewusstsein zu lassen, dass es nirgendwo im Universum irgendetwas geben könnte, vor dem wir uns schützen müssten? Denn wenn ich denke, ich müsste mich schützen – und das ist unsere jetzige Lektion –, verursache ich Angriff, und zwar zuverlässig.

Je mehr ich mich schütze, desto häufiger werde ich angegriffen. Und je umfassender mein Schutz ist, desto stärker werden die Angriffe. Ich setze mit meinen Schutzbemühungen eindeutige Ursachen, mein Schutz ist ein energetischer Angriff und erhält eine Reaktion.

Wenn ich jedoch *die eine Kraft* bin, die höchste Kraft des Universums, wovor sollte ich mich schützen? Wer könnte irgendetwas wollen? Also kann ich mich von dieser Vorstellung lösen! Es ist ein Zeichen, dass man nicht im Bewusstsein ist, sondern in der Haltung des Opfers. Und wenn ich als Opfer durchs Leben gehe, dann finde ich auch einen Täter, immer und immer wieder. Und sehr oft sogar in der gleichen Art, dass ich sagen muss: „Das ist mir jetzt schon so oft im Leben passiert!“ Ich werde immer vorsichtiger, misstrauischer und zurückhaltender. Und trotzdem gelingt es immer einem anderen, mir genau das zuzufügen. Das kenne ich jetzt schon. Ich möchte endlich dieses Muster nicht mehr erleben. Doch es wird Sie so lange verfolgen, bis Sie es durchschauen können.

Stellen sie sich vor, Sie sind die Quelle der stärksten Kraft des Universums. Es gibt keine stärkere Kraft als Sie,

Sie strahlen diese Sicherheit aus, diese Souveränität, dieses Schöpferbewusstsein. Kein Täter kommt auf die Idee, es bei Ihnen zu versuchen. Es hört auf. Es hört von einem Moment zum anderen auf.

Ihre innere Haltung hat das bewirkt. Es wäre schön, wenn Sie davon Gebrauch machen könnten. Gelingt es Ihnen nicht, geht die Erfahrung eben weiter ... durch dieses Leben, durch die Inkarnationen. Irgendwann einmal lesen Sie einen Satz, spricht ein anderer zu Ihnen, und Sie machen diesen Schritt aus dem Opferbewusstsein. Und im gleichen Augenblick ist es geschehen, und Sie stellen fest: Damit habe ich es mir so lange schwer gemacht, das wäre überhaupt nicht nötig gewesen.

Alles Leid, was wir erleben, ist immer nur eine Botschaft: Du machst etwas falsch! Du bist nicht *die eine Kraft*. Das muss nicht sein. Die Schöpfung will Sie nicht ärgern. *Die eine Kraft* steht allen zur Verfügung. Ich muss Sie nur nehmen, aber damit ist ein Opfer einfach überfordert.

Als Opfer nehme ich die Umstände, wie sie sind. Und wenn ich ein positives Opfer bin, mache ich das Beste daraus. Ich denke positiv, ich hoffe, wünsche, werde immer wieder enttäuscht, und manchmal klappt es auch.

In dem Moment jedoch, wo ich an das Leben als Schöpfer herangehe, nehme ich die Umstände nicht mehr so, wie sie sind, sondern ich erkenne, wie sie sein sollten, und schaffe mir die Umstände, die ich brauche. Ich gehe nicht einmal von den Gegebenheiten aus (denn nichts ist gegeben), sondern ich schaffe einfach etwas Neues.

Und das können, das sollten Sie jetzt tun. Denn das brauchen wir für die weiteren Schritte unseres Intuitionstrainings: Sie brauchen sich vor nichts zu schützen, Sie sind *die eine Kraft*. Öffnen Sie sich hingebungsvoll, und Sie sind auch für die Intuition offen.

Übung 10: Training am Telefon

Bisher haben wir Intuition in unmittelbarer Entfernung zwischen zwei Partnern trainiert (der andere ist also in Sichtweite). Jetzt probieren wir einmal die Möglichkeit, dass der andere mit seiner intuitiven Botschaft außer Sichtweite ist.

Das Telefon klingelt. Wie gehen Sie damit um? Wie gingen Sie bisher damit um? Sie werden vielleicht sagen: „Ich bin rangegangen."

Okay, aber das reicht in Zukunft nicht mehr: *Als wer* sind Sie an den Apparat gegangen? Der, der wissen wollte, wer am Apparat ist? – Also ein neugieriges Ich!

Für manche Leute ist es zum Beispiel unmöglich, das Klingeln eines Telefons zu ignorieren. Sie möchten jetzt eigentlich mit niemandem sprechen und nicht gestört werden, brauchen gerade Ihre Ruhe. Aber sobald das Telefon klingelt, reagieren Sie roboterhaft wie ferngesteuert.

Was bedeutet eigentlich ein Telefonklingeln, was signalisiert es im wahrsten Sinne des Wortes? Es heißt doch nur: Ein technischer Apparat gibt mir ein Signal, dass da jemand ist, der mich sprechen möchte. Mehr nicht! Und die Frage ist dann doch erlaubt: Möchte ich jetzt jemanden sprechen – ja oder nein? Wenn nein, dann kann es klingeln, weil ich jetzt niemanden sprechen möchte.

Blitzschnell schaltet sich das Ego ein und sagt: Das könnte jetzt ganz wichtig sein, dann mache ich mir ewig Vorwürfe, weil ich nicht rangegangen bin. Sie nehmen den Hörer ab: „Ach du ..." und würden am liebsten gleich wieder einhängen.

Heute gibt es Apparate, auf deren Display man sehen kann, wer anruft, weil die anrufende Telefonnummer erscheint; das oder ein Anrufbeantworter machen den Konflikt leichter.

Klar, diese technischen Möglichkeiten gibt es, aber darum geht es jetzt nicht. Gehen Sie doch in die Souveränität zu erkennen: Wenn das Telefon klingelt, ist das eine Botschaft des Lebens an mich. Hier möchte dich jemand sprechen. Und eigentlich fragt er mit dem Klingeln an: Möchtest du auch jemanden sprechen? Sind Sie bereit, ja oder nein?
Aber Sie haben auch Zeit, können es ja zwei- oder dreimal klingeln lassen und warten ab ... Tasten Sie sich heran!
Vielleicht sind Sie noch nicht so weit, dass Sie erkennen können, wer es ist. Aber Sie sind jetzt so weit, dass Sie erkennen können: Möchte ich den Anrufer sprechen, ja oder nein?
Und Sie können erkennen: Da ist jemand, den sollte ich jetzt sprechen, das stimmt jetzt für mich. (Das können Sie durch unsere bisherigen Übungen sofort unterscheiden!). Gehen Sie an den Apparat, wenn Sie spüren, der Anruf ist jetzt wichtig. Wenn Sie dann am Telefon sind, hören Sie intuitiv.
Beispiel: Der Gesprächspartner spricht über das Wetter. „Habt ihr auch so einen Regen, ... Ist es bei euch auch so kalt? Ach, bei uns ist es im Moment ... Gerade gestern ist schon so viel Laub heruntergefallen ... Dann hat es geschneit und ..."
Sie hören zu und fragen sich: Moment, weshalb muss ich wissen, dass bei denen da Laub fällt? Was will der andere? Während er erzählt, wie das Wetter bei ihm ist, nehmen Sie wahr, was er eigentlich will: Sie lesen nicht zwischen den Zeilen, sondern hören die eigentliche Botschaft unter dem oberflächlichen Small Talk.
Der andere hat es noch gar nicht gesagt bzw. die Frage noch nicht gestellt, und Sie haben schon Ihre Antwort gefunden.

Sie könnten jetzt sogar sagen, während er noch vom Wetter erzählt: „Du brauchst gar nicht weiterzuerzählen, das Geld gebe ich dir nicht. ..." Sie wissen ja schon, was er eigentlich will und haben sich auf das Ansinnen bereits eingestellt.
Das heißt, sobald Sie Ihr Bewusstsein darauf richten, was seine Absicht ist, kommt im gleichen Augenblick das Fax in Ihr Bewusstsein: Aha, er will, dass wir auf seinen Hund im Urlaub aufpassen.
Während wir über das Laub diskutieren, habe ich Zeit genug, mir die Frage zu beantworten: Will ich den Hund in deren Urlaub betreuen, ja oder nein? Was hat das für Folgen? Wie lange sind sie unterwegs? Ich stelle mir vor, wie der Hund früh morgens vor meinem Bett sitzt, bellt, die Leine im Maul hat... Doch ich möchte ihn am liebsten an die Wand werfen, aber dann tut er mir wieder Leid. Der Hund kann ja nichts dafür! Der braucht ja seine Bewegung, aber ich brauche seine Bewegung nicht.
Die Frage, ob ich den Hund im Urlaub betreue, wird dann keine Überraschung mehr sein. Wenn sie kommt, kann ich ganz geistesgegenwärtig die für mich stimmige Antwort geben. Das zeigt, wie außerordentlich praktisch und wenig spektakulär Intuition im Alltag funktioniert!
Also denken Sie daran: Benutzen Sie bei solchen Telefongesprächen Ihr Bewusstsein wie einen Scheinwerfer auf die hintergründige Botschaft. Sie richten ihn auf seine Absicht, aber auch auf seine Grenzen.
Nehmen wir ein anderes praktisches Beispiel, eine Verkaufsverhandlung: Sie schauen sich ein Haus an, wollen es kaufen und hören dem anderen aufmerksam zu.
Der Makler erzählt Ihnen, dass die Aussicht so wunderbar sei, die Magnolien blühen herrlich, alles ist pflegeleicht, man braucht nur auf den Knopf zu drücken, und dann geschieht dieses und jenes.

Während der andere erzählt, richten Sie den Scheinwerfer Ihres Bewusstseins auf den Preis, weil Sie das interessiert. Sie können jetzt selektiv hinspüren: Was verlangt er und welchen Preis würde er akzeptieren? Wie weit könnte er gehen? Vordergründig sprechen Sie noch über etwas ganz anderes, z. B. die Temperatur des Wassers im Swimmingpool, wann die Fassade wieder einmal gestrichen werden sollte usw.
Sie halten dabei weiter den Scheinwerfer Ihres Bewusstseins auf den Punkt, der Sie interessiert.
Was müsste ich als Schöpfer ihm bieten, damit er sagt: „So weit runter wollte ich eigentlich nicht gehen, aber unter diesen Umständen wäre ich bereit." Was muss ich tun, damit ich das bekomme, was ich haben will.
Im Außen sprechen Sie also über irgendwelche Dinge und im Innen halten Sie den Scheinwerfer Ihres Bewusstseins auf diesen Punkt, klären das ab und erkennen die Lösung. Noch bevor überhaupt die Sprache auf den Preis kommt, bieten Sie das für beide Seiten stimmige Angebot an. Natürlich wissen Sie intuitiv auch den richtigen Zeitpunkt.

Übung 11: Beziehungen heilen

Gehen wir wieder einen Schritt weiter. Wir haben intuitiv wahrgenommen, was der andere von uns will. Wir haben uns während des Gespräches darauf einstellen können. Wie wäre es jetzt, wenn Sie den anderen auf intuitiver Ebene selbst eine Botschaft vermitteln könnten?

Stellen Sie sich einmal jemanden vor, mit dem Sie in einer Beziehung stehen (es muss keine intime oder persönliche sein). Es kann z. B. der Chef sein, die Geliebte, der Nachbar, der Schulfreund, der Kegelbruder. Nehmen Sie den anderen ins Bewusstsein, das heißt, Sie stellen sich auf den anderen ein.

Sie halten nur ruhig das Licht Ihres Bewusstseins auf ihn gerichtet, machen sich rezeptiv und warten einmal ab, was kommt da für ein Bild, ein Gefühl, ein Gedanke, ein Symbol, eine Farbe. Sie schauen in Ihrer Vorstellung nur den anderen an und nehmen einmal wahr.

Wenn Sie wollen, könnten Sie auch schon spezieller hinschauen: Stimmt die Beziehung, so wie sie ist? Gehört der andere noch in mein Leben? (Stellen Sie ruhig einmal alles in Frage.) Wie sollte unsere Beziehung aussehen, damit sie stimmt? Was müsste ich tun, damit sie so wird, wie sie sein sollte?

Und wenn es Alternativen gibt, dann probieren Sie in der Imagination mehrere Wege aus. Sollte ich diesen alternativen Weg wählen? Ich kann mich das fragen und erkennen, welcher Eindruck kommt. Ich kann mir aber auch vorstellen: Ich gehe diesen Weg, verhalte mich so, mache das. Wie fühle ich mich dabei und wie reagiert der andere darauf.

Dann spule ich, den Film zurück und gehe einmal mit ihm einen anderen Weg. Wie wäre es denn, wenn wir so miteinander ...
Ich kann jetzt verschiedene Alternativen durchspielen und mich fragen: Was wäre denn jetzt richtig, stimmig? Lasse diese Frage in mir schwingen und betrachte die Beziehung, wie sie sich entwickelt.
Und dann, wenn Sie in diese verschiedenen Möglichkeiten hineingeschlüpft sind, die verschiedenen Zukünfte anprobiert haben, gestalten Sie diese Beziehung als Schöpfer. Sie machen aus der Beziehung jetzt das, was für Sie erfüllend ist. Am erfüllendsten ist, wenn Sie das wahre Wesen dieser Beziehung wahrnehmen und zum Ausdruck bringen.
Oder – und das ist die hohe Schule – wie wäre es, wenn ich einfach absichtslos mit dem anderen umgehe und geschehen lasse, was aus dem Augenblick heraus stimmt. Dann kann in jedem Augenblick ein Wunder geschehen.
Jetzt denken Sie einmal an drei Personen aus Ihrem Bekanntenkreis (Übrigens, auch Ihr/e Partner/in kann dabei sein) und konzentrieren sich nacheinander auf jede/n unter einem bestimmten Aspekt. Was bedeutet diese/r für mein zukünftiges Leben?
Lassen Sie sich einmal alle Informationen kommen. Vielleicht schreiben Sie es sogar auf, was Sie da intuitiv empfangen.
Stellen Sie sich auf einen Menschen ein unter dem Aspekt: Was bedeutet dieser Mensch für mein zukünftiges Leben? Und jetzt sind Sie auf allen Frequenzen offen und spüren einmal, was kommt (Bild, Gefühl, Gedanke, Farbe, Symbol). Sie sind einfach offen, machen Sie sich immer wieder bewusst und wiederholen innerlich die Frage: Was bedeutet dieser Mensch für mein Leben, für die Zukunft?

Und während Sie diese Frage immer wieder wiederholen, spüren Sie, welche Eindrücke kommen (nicht analysieren, einfach nur wahrnehmen, was kommt).
Natürlich können Sie auch etwas Spezielles ins Bewusstsein nehmen und sich z. B. fragen: Was könnte ich tun, damit sich diese Beziehung erfüllt? Was erwartet der andere von mir? Was erwartet das Leben von mir?
Jetzt gehen wir noch einen Schritt weiter und tauchen einmal kontemplativ in den anderen hinein; tauchen ein, verschmelzen mit dem anderen, schlüpfen in seine Identität: Sie sind der andere. Mit den Augen des anderen schauen Sie einmal auf sich, auf Ihre Beziehung. Und Sie erleben Ihre Beziehung mit den Augen des anderen.
Was ändert sich in der Sicht Ihrer Beziehung, wenn Sie sie mit den Augen des anderen erleben – als der andere? Welche Erwartungen haben Sie dann, welche Hoffnungen, welche Wünsche?
Stellen Sie sich jetzt einmal ganz lebendig vor, Sie sind ganz eingetaucht in den anderen, und als der andere sprechen Sie zu sich. Sagen Sie jetzt einmal als der andere, was Sie gerne schon lange einmal sich sagen wollten.
Sie sagen sich jetzt einmal die Meinung! (Es muss keine Auseinandersetzung sein, kann es aber ruhig.) Sie als der andere sagen sich einmal, wie Sie die Situation sehen, die Beziehung, die Möglichkeiten, die Wünsche, und hören, was der andere dazu meint. Was *Sie* dazu sagen, während Sie als der andere zu sich sprechen. Sie werden Überraschungen erleben!!
Prüfen Sie einmal, wie weit Sie bereit sind, auf das einzugehen, was Sie sich als der andere sagen. Vielleicht ist es etwas, was Ihnen selbst Freude machen würde, Sie sind nur nie auf die Idee gekommen – jetzt sagen Sie es sich als der andere.

Vielleicht ist es etwas, was Ihnen nichts ausmacht, aber wenn es dem anderen Freude macht, können Sie das gerne verwirklichen. Sie bereichern Ihre Beziehung dadurch, dass Sie die Beziehung als der andere erleben, als der andere reagieren.
Bitte beenden Sie dieses gemeinsame Gespräch mit sich als dem anderen mit einem konkreten Ergebnis. Lassen Sie es irgendwo hinführen. Kommen Sie zu einer inneren Vereinbarung, einer Erkenntnis, einem Entschluss, einer Form der Einigung.
Spüren Sie auch die Freude über das Ergebnis. Selbst wenn es ein unangenehmes Ergebnis war, freuen Sie sich über die Klarheit, die Sie gewonnen haben. Jetzt kennen wir das Problem, jetzt können wir damit umgehen. Das bringt uns doch weiter! Jetzt, wo wir die Aufgabe kennen, finden wir auch eine Lösung. Beenden Sie dieses innere Gespräch mit dem Gefühl, einen Schritt weiter gekommen zu sein.
Sie werden mit der Zeit feststellen, dass es für Sie immer leichter wird, sich intuitiv in die Haut eines anderen zu versetzen, in sein Energiefeld einzutauchen. Die Erkenntnis *wir sind eins* wird für Sie immer lebendiger, nachvollziehbarer, dann wirklicher.

Zukunftswachtraum

Wir haben in den letzten Übungen erfahren, dass wir ganz bewusst und konkret zukünftige Ereignisse ins Leben rufen können. Jetzt gehen wir einen Schritt weiter und gestalten unsere Zukunft umfassend.

Schaffen Sie sich jetzt Ihren Zukunftswachtraum. Das heißt, Sie stellen sich hier jetzt Ihre unmittelbare Zukunft, mittlere Zukunft oder das Ziel Ihres Lebens vor. Es ist zunächst eine Mischung aus Fantasie, Projektion, Intuition: Wie möchten Sie leben? Als *wer?* Mit wem? Wofür und wovon leben Sie?

Es geht jetzt nicht mehr nur darum, rezeptiv zu empfangen „So sieht meine Zukunft aus", sondern „So hätte ich sie gerne, und das könnte ich tun!"

Viele Menschen wenden sich esoterischer Techniken zu, um ihr „Schicksal" zu erkennen und dann demütig anzunehmen. Wir sind von dieser Einstellung eines Opfers seiner Zukunft gegenüber weit entfernt. Es geht nicht darum, das Schicksal demütig in Empfang zu nehmen, sondern die Zukunft bewusst selbst zu gestalten. Ich nenne es schon lange nicht mehr „Schick-sal" (da wird nichts geschickt!), sondern lieber „Mach-sal" (weil wir es machen können!).

Also erfinden Sie jetzt Ihre Zukunft. Ganz gleich, auf welchen Bereich Sie sich jetzt konzentrieren, es kann ruhig auch Ihr ganzes Leben sein. Sie träumen jetzt schöpferisch Ihre Zukunft. Es ist keine endgültige Übung. Sie können Ihre Zukunft immer wieder verändern und neu gestalten. Sie können ganz in Ruhe erst einmal üben.

Sobald Sie einen Punkt gefunden haben, der Ihnen gefällt, sagen Sie innerlich *Ja*, nehmen Sie ihn in Besitz, indem Sie sagen: Genau, das ist so. Das passt jetzt zu mir, da fühle ich mich wohl. Dann nehmen Sie einen anderen Bereich. Also gestalten Sie jetzt intuitiv Ihre Zukunft.

Sie können auch ganz konkrete Fragen an Ihre Zukunft einbauen, z. B.: Was tue ich, um strahlend gesund zu werden und zu bleiben? Wie sieht meine berufliche Situation aus? Was wird aus meiner Partnerschaft? Bleibe ich in dieser Wohnung? Wie entwickle ich mich spirituell? Sie können aber auch selektiv in der Zukunft einen bestimmten Aspekt ins Bewusstsein nehmen. Stellen Sie sich bitte vor – ich erinnere Sie wieder an das Faxgerät – im gleichen Augenblick, wo Sie die Frage eingeben, kommt unten bereits die Antwort heraus. Intuition geschieht immer sofort.

Wenn Sie mit einem Ergebnis nicht zufrieden sind, verändern Sie es. Sie können alles verändern! Niemand macht einem Schöpfer irgendwelche Vorschriften.

Sie können zum Beispiel fragen: Welche Schritte müsste ich jetzt beruflich unternehmen? Was müsste jetzt partnerschaftlich geschehen? Prüfen Sie, wie das Ergebnis wäre, wenn Sie dieses oder jenes tun würden.

Also spielen Sie einmal in Ihrem Wachtraum mit Ihrer Zukunft und gestalten Sie sie als Schöpfer. Kommen Sie in diesem Wachtraum zu einem konkreten Resultat, führen Sie ihn zu einem erwünschten Ergebnis – zu etwas, dem Sie gerne zustimmen.

Wenn Sie mit dem Ergebnis zufrieden sind, dann tun Sie doch einmal etwas für einen anderen. Sie können als Schöpfer nicht nur Ihr Leben gestalten, Sie können auch in das Leben anderer eingreifen (ohne konkrete Ereignisse hervorzurufen).

Schutzengel sein

Stellen Sie sich vor, Sie sind der Schutzengel des anderen. Sie begleiten ihn in diesem schöpferischen Bewusstsein durch sein Leben. Aber Sie greifen nur indirekt ein, indem Sie ihm Impulse in sein Bewusstsein geben; indem Sie ihm Bedenken geben vor dem Schritt, den er vielleicht gerade unbedacht tun will. Sie achten die Autonomie, den Eigenwillen, die Handlungsfreiheit des anderen. Sie geben ihm nur die Information, die er braucht. Vielleicht die Motivation, die Energie, die Idee. Sie bereichern sein Leben als sein Schutzengel. Spielen Sie gerade einmal ganz bewusst den Schutzengel eines anderen!

Spüren Sie, was mit Ihnen geschieht, während Sie als Schutzengel tätig sind. Spüren Sie, wie diese Vorstellung Ihr Bewusstsein erweitert, die Verantwortung, das Mitgefühl, wie Sie sich mehr in sich wohl fühlen, wie Sie Achtung haben vor sich selbst.

Und so können Sie als Schöpfer nicht nur Ihr Leben in jedem Aspekt bewusst gestalten, Sie können auch hilfreich in das Leben anderer eingreifen.

Seien Sie im nächsten Schritt jetzt Ihr eigener Schutzengel. Sie begleiten sich selbst durchs Leben. Sie stehen hinter sich, Sie wissen alles, Sie können alles, Sie überblicken alles. Greifen Sie einmal genau so indirekt ein wie beim anderen, indem Sie als Ihr eigener Schutzengel sich selbst nur Impulse geben, Erinnerungen, auf Möglichkeiten aufmerksam machen.

Sie erleben beide Situationen gleichzeitig. Sie sind Ihr Schutzengel und Sie sind gleichzeitig der so Geführte, dessen Leben bereichert wird durch Ideen, Motivation, Klarsicht. Sie leben also gleichzeitig als der, der Sie sind, und als Ihr eigener Schutzengel.

Und Sie spüren wieder, wie gut das tut. Jetzt erst fühlen Sie sich richtig komplett. Und wenn Sie wollen, begleiten Sie sich ab jetzt als Ihr eigener Schutzengel und als der Erlebende durchs Leben. In diesem Bewusstsein schutzengeln Sie einmal durch den Tag, durch die Woche, durch den Monat, durch das Jahr, durch das Leben.

Gleichgültig, was Sie gerade in Ihrem Leben tun, Sie können jederzeit die Intuition als Ratgeber, als Ihr Lebensberater, als Ihren Schutzengel hinzuschalten: Was sagt meine Intuition dazu? Diese Frage sollten Sie sich jetzt täglich mehrfach stellen. Sie können Ihrer Intuition sogar eine Gestalt und einen Namen geben, wie einen inneren Ratgeber, einen inneren Meister, der die Intuition zum Ausdruck bringt. Wenn Sie jetzt so weit eingegriffen haben (es ist nur ein Griff!), dann lassen Sie es geschehen.

Vom Tun zum Sein

Wir haben erkannt, dass wir nicht wieder in alte Verhaltensweisen rutschen sollten. Alle diese Dinge, die scheinbar Gegebenheiten sind, haben sich als Illusionen erwiesen. Wenn wir uns innerhalb dieser illusorischen Grenzen bewegen, dann tun wir, was alle tun. Und wer das tut, was alle tun, der erreicht auch das, was alle erreichen, der kommt auch dorthin, wo alle hinkommen. Und das ist doch sicher nicht der Sinn, der Sinn des Lebens.

Wenn wir also diese Illusionen (wie die Wolken am Himmel) durchstoßen wollen, um kosmisch zu leben, dann müssen wir den entscheidenden Schritt tun, nicht nur vom Wissen zum Tun, sondern vom Tun zum Sein.

Das heißt: Als *wer* tue ich das, was ich tue? Das ist die entscheidende Frage! Als *wer* lesen Sie dieses Buch? Als *wer* wollen Sie Ihre Intuition wieder in Ihr Leben integrieren? Wer ist der, der sich von diesem Buch fesseln lässt? Meine nächste Frage könnte jetzt sein: *Wer* liest dieses Buch weiter? Hat sich da etwas geändert?

Sitzt dort noch immer eine Persönlichkeit, die bei Verstand ist und die interessiert mitarbeitet, dann haben Sie 90 Prozent der Möglichkeiten dieses Buches verpasst.

Wenn Sie aber nicht an der Oberfläche geblieben, sondern in die Schwingung des Buches eingetaucht und zu Bewusstsein gekommen sind, dann haben Sie ab jetzt als Nebenwirkung dieser Bewusstwerdung jederzeit und an allen Orten die Intuition zur Verfügung.

Wir brauchen sie nicht zu lernen. Sie ist einfach da, und wir nehmen sie ständig wahr, werden wie von einem Schutzengel geführt. Auf dieser Ebene der Bewusstheit ist die Intuition da und nur dort ist sie. Genau deshalb erreicht sie Verstandesmenschen so selten, weil sie im unaufhörlichen Gedankenstrom die Ruhe und Stille, das *Jetzt* des Augenblicks, nicht finden.

Ich möchte noch einmal meine provokative Behauptung wiederholen: Denken ist ein Zeichen mangelnder Intelligenz. Wir denken so lange, bis wir etwas Besseres gefunden haben. Haben wir etwas Besseres gefunden, dann staunen wir, wie wir uns die ganze Zeit mit dem Denken behelfen mussten. Dann sehen wir erst einmal, was möglich ist, was die ganze Zeit da war, was erreichbar war. Wir haben es nur nicht genutzt. (Sie wissen, dass wir nur einen geringen Teil unserer Gehirnkapazität nutzen.)

Auch die verwendeten Begriffe (Intuition, Genie, geistiger Riese, Erwachen, Bewusstsein) sind uns vertraut. Der Verstand sagt: „Ja, ja, kenn ich, kenn ich schon. Schon vor Jahren davon gehört! Nichts Neues." Aber er zieht daraus keine Konsequenzen. Nicht einmal der Schritt vom Wissen zum Tun ist getan; viel weniger der Schritt vom Tun zum Sein.

Übung 12:
Optimierung des Werkzeugs

Betrachten wir noch einmal miteinander die Optimierung des Werkzeuges Mensch in dem Bewusstsein: *Mensch* ist für die *eine Kraft* ein Werkzeug der Schöpfung. Dieses Werkzeug können und sollten wir optimieren.
Dabei gehen wir ganz bewusst in diese neue Art des Lernens, indem wir immer alles sofort vollziehen.
Ich mache mir wieder ganz konkret bewusst, wer oder was ich alles *nicht* bin. Im gleichen Augenblick, wo ich mir das bewusst mache, lasse ich es los.
Loslassen heißt nicht verteufeln, wegwerfen, sondern die Identifikation damit auflösen.
Ich bin *nicht* der Körper. Ich erkenne, ich bin etwas, das diesen Körper belebt, das diesen Körper benutzt, aber ich bin nicht der Körper. Also löse ich meine Identifikation mit dem Körper.
Ich bin nicht der Verstand. Ich bin der, der den Verstand benutzt. Ich bin der Denker, aber ich bin nicht der Verstand, und ich bin schon gar nicht der Gedanke. Also löse ich meine Identifikation mit dem Verstand.
Scheinbar werde ich immer weniger. In Wirklichkeit jedoch werde ich immer mehr, je mehr ich loslasse! Denn ich lasse den Schein, die Illusion los; das, was ich bisher glaubte zu sein. Ich wende mich dem zu, was ich wirklich bin. Es ist das Größte!
Ich bin auch nicht mein Gemüt, meine Emotionen, meine Gefühle. Ich bin der, der fühlt. Aber ich bin nicht das Gemüt, es ist mein Werkzeug. Also lasse ich die Identifikation mit dem Gemüt los!

Das Gemüt mag fühlen, was es will, *ich bin.* Der Verstand mag denken, was er will, *ich bin.*
Wenn Sie nur diese drei Identifikationen bis jetzt losgelassen haben, dann kommt schon eine Leichtigkeit. Sie gehen freier und Sie gehen unbeeindruckt durchs Leben. Die Dinge werden gleichgültig.
Sie können jetzt noch erkennen: Ich bin nicht meine Persönlichkeit. Das, womit ich mich bisher wohl am meisten identifiziert habe, bin ich nicht! Persönlichkeit ist eine Ansammlung von Eindrücken, Verhaltensweisen, Prägungen, die ich zum größten Teil in der Kindheit erfahren habe (noch dazu durch andere). Ich habe selbst damit herzlich wenig zu tun. Und vor allen Dingen: Ich bin es nicht!
Ich bin ohne Persönlichkeit gekommen und ich werde ohne sie gehen; es ist ein vorübergehendes Kleid, eine aktuelle Mode, aber: Ich bin es nicht!
Wenn Sie diesen Schritt wirklich vollziehen, kommen Sie automatisch ins unpersönliche Leben – Sie leben eigenschaftslos.
Ich bin auch nicht das *Ego*. Das Ego ist ein eingebildetes Zentrum, ein Ich, ein Punkt im Universum, der sich einbildet, getrennt zu sein. Wir nennen uns Individuum (lat. Individuus = unteilbar) und sind tatsächlich ungeteilt von allem.
Aber wir verwenden diesen Begriff genau entgegengesetzt: Ich bin ein Individuum! Du bist auch ein Individuum! Wir sind getrennt voneinander.
Wir sollten begreifen, was wir mit „Individuum" eigentlich sagen, und uns entsprechend verhalten: Wir sind Individuen, wir sind ungetrennte Teile des einen Bewusstseins. Dann bin ich eigenschaftslos.

Nun kann ich noch einen Schritt weiter gehen in die Zeit- und Raumlosigkeit. Sie können jederzeit – wie wir es getan haben – durch die Tür des Augenblicks aus der Zeit austreten, und Sie sind von einem Moment zum anderen im *Jetzt.* In dieser Zeitlosigkeit sind Sie alterslos.
Wenn Sie dieses Bewusstsein der Zeitlosigkeit und Alterslosigkeit dem Körper mitteilen, verändert sich Ihr Körperbewusstsein, nähern wir uns dem Hunza-Geheimnis.
Wenn wir Ego-los sind, sind wir auch automatisch Karma-los, denn nur ein Ich hat Karma.
Sie können alles loslassen. (Sie sind nicht der Name, den Sie tragen. Sie sind nicht die Rolle, die Sie spielen. Sie sind nicht die Position, die Sie haben.) Lösen Sie eine Identifikation nach der anderen auf. Was bleibt übrig? *Nichts!*
Und das sind Sie wirklich! Sie sind nicht jemand oder etwas oder eine oder einer. *Sie sind.* Damit sind wir automatisch wieder in der Einheit.
Wenn ich sage, *ich bin,* und Sie sagen, *ich bin,* dann sind wir in der Wirklichkeit und vereint. Wenn wir sagen, ich bin ich und du bist du, dann haben wir die Wirklichkeit wieder unterteilt. Dann haben wir Grenzen gezogen.
Jeder von uns kann, wenn er so eine Identifikation nach der anderen gelöst hat, zurückkehren in die *Selbst*-Identifikation, in die Erinnerung an sich *selbst* (an den, der er wirklich ist).
Prüfen Sie einmal, ob Sie lesen oder ob Sie alles direkt vollziehen, ob Sie das Lösen geschehen lassen: Sie haben eine Identifikation nach der anderen gelöst, sind frei von der Illusion des Ichs und erkennen, wer Sie wirklich sind.
Ich bin, der *ich bin.* Ich bin die eine Kraft. Ich bin das Ganze. Erst in diesem Bewusstsein bin ich wieder in der schöpferischen Vollmacht, stehen mir wieder alle Werkzeuge zur Verfügung. Jetzt kann ich manifestieren, kreieren, Umstände schaffen, Ereignisse hervorrufen, den Zufall selbst bestimmen.

Und ich vollziehe es, indem ich mich aus dem Gefängnis des Körperbewusstseins befreie: Ich öffne mein Kronenchakra und wachse über mich hinaus, erreiche das Bewusstsein, das ich bin, den geistigen Riesen.
Also vollziehen Sie jetzt noch einmal dieses Öffnen, das über sich hinauswachsen. Das Tor des Himmels öffnen, wie die Chinesen es nennen, und offen lassen. Und damit verbinde ich wieder alle Bereiche, bin wieder holistisch; denke, fühle, lebe holistisch.
Wenn ich mein Erlebniszentrum über den Körper verlege und von dort aus lebe, bin ich automatisch in der Gedankenstille. Dort gibt es kein Denken, keine Prägung, keine Verhaltensmuster. Es herrscht Stille, Wahrnehmung, reine Existenz. Es gibt nichts, nur *Sie sind*.
In der Gedankenstille ist Weite. Und ich spüre, indem ich diese Weite ausfülle: Das ganze Universum ist mein Bewusstsein. Ich bin der Mittelpunkt des Universums. Es gibt ja nur das *Ich Bin,* den einen Mittelpunkt, der ich bin.
Wir scheinbar viele sind in Wirklichkeit das *Eine,* der eine Mittelpunkt. Und so kann ich eintreten in dieses Tor des Himmels in die Zeitlosigkeit.
Ich erkenne, dass dort, wo ich zu Hause bin, ständig Wahrnehmung geschieht. Es gibt nichts zu lernen, nichts zu üben. Ich kann es gar nicht abstellen. So wenig wie ich bei meinem Körper aufhören kann zu hören, so wenig kann ich, wenn ich bei Bewusstsein bin, aufhören wahrzunehmen. Ich nehme ständig wahr. Und ich nehme wahr, was ist Wirklichkeit.
Damit habe ich auch endgültig den Schritt vom Opfer zum Schöpfer getan. Und ich kehre nie mehr in die Opferrolle zurück (Mal sehen, wie die Dinge sich entwickeln, welche Möglichkeiten mir das Leben bietet. Ich muss mal abwarten, ob es mit meiner Partnerschaft klappt).

In diesem Bewusstsein bin ich der, der die Umstände bestimmt, der Tatsachen geschehen lässt, der den Zufall hervorruft. Das geschieht aber nur, solange ich in der Vollmacht bin, so lange ich bei Bewusstsein bin. Bin ich bei Bewusstsein, kann ich jederzeit erwünschte Endzustände in Erscheinung treten lassen, kann Dinge geschehen lassen.
Lassen Sie jetzt wieder Heilung in Ihrem Körper geschehen: Das Bewusstsein, das ich bin, nimmt das Werkzeug Körper ganz bewusst in Besitz, durchdringt und erfüllt jede Zelle mit der einen Kraft und lässt Heilung geschehen.
Ich spüre, wie 100 Billionen Zellen meines Körpers sich der einen Kraft öffnen, sich erfüllen mit der einen Kraft. Es gibt nichts zu tun. Heilung braucht man nicht tun, Heilung geschieht, sobald *ich bin*.
Ich erkenne, dass der geistige Riese, der ich bin, multidimensional ist. Ich kann mehrere Dinge gleichzeitig tun. Während mein Körper weiter heilt, heile ich gleichzeitig meine Partnerschaft, meine berufliche Situation, meine spirituelle Entwicklung.
Und indem ich das gleichzeitig geschehen lasse, schließe ich aus, im Verstand zu sein, denn der Verstand funktioniert nicht multidimensional. Der Verstand kann nur eines nach dem anderen, Sie aber vergewissern sich, dass wirklich alles gleichzeitig geschieht. Heilung im Körper, in der Partnerschaft, im Beruf, in der spirituellen Entwicklung.
Und vielleicht haben Sie noch eine individuelle Situation in irgendeinem Bereich, die unstimmig ist. Also nehmen Sie auch das in Ihr Bewusstsein und lassen Sie es gleichzeitig mit den anderen Bereichen heil werden.

Indem ich das bewusst tue, habe ich mich als Aufgabe gelöst, bin ich endlich frei für die eigentliche Aufgabe, nämlich der Einladung zu folgen, diese Schöpfung bewusst als Mitschöpfer zu gestalten. Denn das kann ich erst, wenn ich mich in Ordnung gebracht habe, alles stimmt. Jetzt habe ich den Kopf, besser das Bewusstsein, frei für die eigentlichen Dinge.
Ich kann anfangen, segensreich zu leben; gehe durch die Welt und sehe, was zu tun ist. Und niemand merkt, dass ich es tue. Ich bin der Schutzengel für andere, ohne dass sie es wissen. Im Vorbeigehen richte ich den Scheinwerfer meines Bewusstseins auf einen Mangel, mache mir den erwünschten Endzustand bewusst und lasse es geschehen.
Es gleicht einem, der über das Land geht und Samen aussät. Im Moment ist nichts zu sehen, aber er weiß, es wächst. In diesem Bewusstsein geht er weiter.
Möglicherweise erfährt niemand, wer das gesät hat, woher diese kleinen Wunder kommen, aber irgendwann sehen die anderen: Da wächst etwas!
Und so könnten Sie – wenn Sie sich jetzt hier in diesem Augenblick als Aufgabe gelöst haben, indem sie einfach Heilung geschehen lassen – Ihren Blick heben für das eigentliche Abenteuer *Leben.* Sie beginnen als bewusster Mitschöpfer des Universums zu leben, gestalten die Welt an dem Ort, an dem Sie gerade sind. Aber Sie wissen, Sie sind nicht allein. Andere machen es so – und am Ende sind wir alle vereint.

Übung 13: Erfolg imaginieren

Eine große Hilfe ist es immer, den eigenen Erfolg mental voraus zu erleben. Erleben Sie sich doch jetzt als dieser allmächtige Schöpfer!
Erleben Sie zunächst einmal, wie Sie sich als Aufgabe vollenden können, indem Sie in allen Lebensbereichen das Notwendige geschehen lassen. Sehen Sie das Bild: Wenn der Bauer seine Felder bestellt hat und alles ist gepflügt, gedüngt und gesät, dann ist die Arbeit getan, auch wenn noch nichts in Erscheinung getreten ist. Die Arbeit ist getan.
So können Sie sich in diesem Augenblick als Aufgabe vollenden und spüren: Es ist vollbracht! Jetzt reift es nur noch, wächst es, tritt in Erscheinung, aber es ist vollbracht! Und dann – als vollbrachte Aufgabe – hebe ich den Kopf, das Bewusstsein (unsere Sprache ist da leider immer auf die menschlichen Erfahrungen ausgerichtet). Ich erhebe also mein Bewusstsein, lasse mein Bewusstsein zum Universum ausgedehnt und schaue, was in meinem Umfeld wirklich zu tun ist. Wo bin ich als Schöpfer gefordert.
Ich spüre, nicht jeder Mangel, der in mein Bewusstsein tritt, ist meine Aufgabe. Doch ich spüre sehr schnell, wofür ich gekommen bin. Das spricht mich an, tritt als neue Aufgabe in mein Bewusstsein. Leben Sie Ihre Lebensaufgabe, Ihre Vision.
Sie erleben mental voraus, wie Sie als Mitschöpfer durch die Schöpfung gehen, und zwar auf Ihrem Platz.
So könnten Sie jetzt Ihren persönlichen Weg durchs Leben bestimmen. Sie könnten den Schritt als Schöpfer vollziehen: vom Beruf über die Berufung zur Erfüllung.

Sie nehmen also ins Bewusstsein, was ist derzeit mein Beruf und was wäre meine Berufung? Machen Sie sich bewusst: In der Weisheit der Sprache ist in dem Wort Berufung das Wort *Ruf* enthalten. Also wozu ruft es mich? Wohin zieht es mich? Indem ich diesem Ruf folge, finde ich Erfüllung.
Erfolg mag noch so groß sein, wenn er nicht zur Erfüllung führt, ist es kein Erfolg. Vielleicht werden Sie von allen beneidet, weil Sie an die Spitze gekommen sind (von was auch immer). Aber wenn es Sie nicht erfüllt, war es nur ein Scheinerfolg.
Sie können auch den Erfolg in der Intuition, die intuitive Wahrnehmung, mental vorauserleben, so dass Sie keine Zeit mehr vergeuden. Sie richten Ihren Blick auf eine Sache, schauen hindurch, erkennen die Wirklichkeit hinter dem Schein und nehmen wahr. Sie müssen sich nicht weiter damit beschäftigen, sondern können sich einer anderen Sache zuwenden.
Erleben Sie diesen intuitiven Vorgang einmal voraus: Versetzen Sie sich in eine Situation, und – wohin Sie auch schauen – Sie nehmen in Punktzeit die Wirklichkeit hinter dem Schein wahr. Erleben Sie sich so in der vollkommenen Wahrnehmung.

Wahrhaftigkeit

Auf dieser Ebene der Vollkommenheit achten Sie nicht nur auf die Worte, die Sie sagen, sondern geben ihnen auch die Energie mit, die sie brauchen, um wirksam zu sein.

Entdecken Sie also, wie es ist, wenn Sie nicht nur verbal und informativ sprechen, sondern absolut energetisch, wenn Sie das, was Sie sagen möchten, in der Energie sagen, die das bewirkt, was Sie damit bewirken möchten. Sie werden sich der energetischen Wirkung dessen, was Sie sagen und tun, bewusst.

So kommen Sie vielleicht in Kollision mit dem Wahrheitsgehalt.

Beispiel: Ich bin Therapeut und erkenne bei einem Patienten, dass er weit fortgeschrittenen Krebs und vielleicht nur noch drei Monate zu leben hat. Dann sage ich ihm als Therapeut: „Sie haben Krebs und noch drei Monate zu leben." Gut, ich habe die Wahrheit schonungslos gesagt, doch mit einer solchen Aussage lebt er wahrscheinlich nur noch sechs Wochen.

Das, was ich energetisch mit einer solchen Gnadenlosigkeit bewirke, ist nicht das, was ich eigentlich bewirken will. Und jetzt stehe ich vor der Wahl. Worauf kommt es an? Auf den Wahrheitsgehalt der Information oder auf die Stimmigkeit dessen, was ich damit bewirke? Die Wahl ist jetzt eigentlich leicht.

Und doch bin ich damit nicht zufrieden, denn ich möchte ja auch nicht die Unwahrheit sagen.

Ich erkenne: Wenn ich mich einfühle, ist es tatsächlich möglich, die Wahrheit zu sagen und gleichzeitig energetisch das Richtige zu bewirken. (Dazu ein Zitat von

Voltaire: „Alles, was du sagst, sollte wahr sein. Aber nicht alles, was wahr ist, solltest du sagen." Oder: „Man sollte die Wahrheit dem anderen hinhalten wie einen Mantel, damit er hineinschlüpfen kann, wenn er dazu bereit ist, und sie ihm nicht wie einen nassen Lappen um die Ohren schlagen."

Wahrheit ist also nicht einfach Wahrheit.

Natürlich bleibe ich bei der Wahrheit, aber jetzt gestalte ich sie energetisch, indem ich mir – bevor ich sie geäußert habe – der Wirkung bewusst bin, die sie auf den anderen hat. Ich mache mir bewusst, welche Wirkung ich hervorrufen will und was ich jetzt sagen muss – *was* ich sagen will, steht ja fest, ich will die Wahrheit sagen – *wie* muss ich es sagen, damit die stimmige Wirkung hervorgerufen wird?

Ich muss also nicht die nackte Information sagen, auch nicht in einem liebevollen Ton, sondern ich kann mit ihm in ein Gespräch eintauchen und Fragen stellen: Wollen Sie gesund werden? Sind Sie bereit, etwas für Ihre Heilung zu tun? Wann könnten Sie beginnen? Wären Sie jetzt bereit? Als *wer* empfinden Sie sich? Was glauben Sie, warum es überhaupt soweit gekommen ist (dieses Symptom oder diese Behinderung)? Wie ist das entstanden? Glauben Sie an Zufall? Sehen Sie da einen Zusammenhang mit Ihrer Art zu leben? Wenn Sie einen Zusammenhang mit der Art zu leben sehen, heißt es doch nichts anderes, als dass diese Art zu leben die Ursache Ihrer Krankheit ist. Wenn das so ist, dann kann natürlich eine andere Art zu leben auch eine andere Wirkung hervorrufen. Welche Wirkung würden Sie denn gerne für sich hervorrufen?

Ich sage als Therapeut also nicht platt die Wahrheit – das, was ich als Wahrheit erkenne, sondern helfe meinem Patienten in dieser dramatischen Situation, den Schritt vom Opfer zum Schöpfer zu machen.

Übung 14:
Das Lebensalter intuitieren

Wenn Sie in diesem Schöpfer-Bewusstsein (ihrer eigentlichen Aufgabe) sind, dann sind Sie so im Einklang mit sich selbst, dass Sie auch erkennen können, wie lange Sie noch in dieser Inkarnation verweilen werden, um diese Aufgabe zu erfüllen.
Wie alt werden Sie? Gehen Sie davon aus, Sie haben einen Lebenskalender mit einer Eintragung, wann Sie diesen Körper verlassen werden. Und wenn diese Eintragung nicht geändert wird, tritt sie in Kraft, bleibt sie bestehen, rufen Sie sich zu diesem Termin ab. Also machen Sie sich doch jetzt einmal Ihr Alter dieser Inkarnation bewusst! Wie alt werde ich in diesem Körper?
Ich mache mir bewusst: Wie habe ich mich denn bisher entschieden? Wovon bin ich bisher ausgegangen? Vielleicht hatte ich einen guten Grund dazu. Wie alt möchten Sie idealerweise werden? Und wenn wir schon alt werden, dann soll es ja auch Spaß machen.
Das heißt also, dass Sie die Zeit bis zu diesem Austritt aus Ihrem Körper damit verbringen, das zu tun, was Ihnen die meiste Erfüllung schenkt, und zwar in jedem Augenblick!
Jedenfalls ist dieser Körper, den Sie derzeit bewohnen, in der Lage, etwa 135 Jahre alt zu werden. (Das ist die natürliche Lebensdauer. Wir alle haben eine natürliche Lebensdauer – vergleichbar dem Haltbarkeitsdatum, Ablaufdatum.) Und dieses Datum können Sie ändern, wenn Sie bei Bewusstsein sind.

Bitte denken Sie daran: Dass wir sterben, ist nicht ein Versehen der Schöpfung – es ist ein Geschenk. Das Geschenk besteht darin, dass ein unerwachtes Bewusstsein nicht an einen ewig lebenden Körper gebunden ist. Spätestens bei 135 Jahren – selbst wenn optimal gesund gelebt wird – hören die Zellen auf sich zu teilen. Es sei denn, der „Chef" kommt und „befiehlt" den Zellen, dass sie sich weiter teilen! Auch das wäre möglich!
Das ist der einzige Schritt, der zu tun ist, und dann sind wir unsterblich! Das heißt, der Körper ist unsterblich! Das heißt aber nicht, dass wir ewig drin bleiben müssen. Wir können jederzeit den Körper verlassen.
Selbst wenn Sie die Lebensdauer beeinflussen können, heißt es nicht, dass Sie es auch wollen! Vielleicht brauchen Sie gar nicht so lange. Vielleicht hielte der Körper sowieso länger, als Sie ihn benutzen möchten.
Sie können es jetzt ausprobieren! Finden Sie in sich den Knopf, den Schalter (egal wie Sie es nennen, wie Sie es imaginieren). Es ist natürlich nicht ein Schalter im technischen Sinne, sondern eine Bewusstseinsentscheidung, eine Veränderung des Bewusstseins. Es ist eine andere Eintragung in dem geistigen Terminkalender. Sie können diesen Termin streichen oder ändern – Sie können es entscheiden! Die einzige Voraussetzung ist, dass Sie im Bewusstsein sind.

Alles erreichen!

Sie wissen, dass Intuition da ist. Sie stellen sich einfach darauf ein und sind in der Wahrnehmung.

So können Sie den Augenblick gestalten. Ja, Sie könnten Ihr ganzes Leben durch Intuition zum Erfolg führen. Nicht nur, dass Sie Ihr Leben intuitiv erfolgreich führen können, Sie können durch Intuition aus Ihrem Leben einen Erfolg machen (aus dem ganzen Leben, in allen Bereichen).

Erster Schritt: Wahrnehmen statt Nachdenken. Nachdenken sollte also nur noch aus gutem Grund geschehen, gelegentlich. Normalerweise wird es ersetzt durch die Wahrnehmung.

Die allerdings sollte, so wie das Denken bisher, ständig stattfinden. Waren Sie bisher im Gedankenstrom, sind Sie jetzt im Intuitionsstrom.

Sie können bei Ihren Unternehmungen und Vorhaben intuitiv Hindernisse und Risiken erkennen, sie einschätzen und vor allen Dingen können Sie sie nutzen.

Alles, was Ihnen widerfährt, hat ein Potenzial für einen Fortschritt, für eine Hilfe. Selbst das Unangenehmste, der größte Verlust hat ein Potenzial. Es kommt jetzt darauf an, intuitiv zu erfassen: Wie kann ich das, was gerade passiert, erfolgreich nutzen?

Jetzt hilft Ihnen die Intuition vor allen Dingen, die richtige Entscheidung zu treffen. Sie brauchen nie mehr falsche Entscheidungen kostspielig und langwierig zu revidieren. Sie haben die Chance, gleich die richtige Entscheidung zu treffen.

Und Sie können sogar etwas tun, was sich unglaublich anhört: Sie können sich klug stellen.

Sie könnten von jeder Situation aus sich klug stellen, denn in Wirklichkeit nehmen Sie ja nur einen größeren Teil Ihres Potenzials in Besitz. Sie sind ja vollkommen, auch vollkommen klug. Also können Sie durch Intuition das Genie in sich wecken.

Dazu gehört, Ereignisse mehrdimensional geschehen zu lassen. Geschieht noch immer Heilung in Ihrem Körper? Wenn nein, aktivieren Sie es wieder. Gleichzeitig können Sie in anderen Bereichen (Partnerschaft, Beruf, spirituelle Entwicklung) Energie fließen lassen. Lassen Sie ständig die Dinge, die für Sie wichtig sind, weiter geschehen ... bis sie vollbracht sind.

Übung 15: Resonanzfähigkeit

Wofür möchten Sie gerne resonanzfähig sein? Was möchten Sie durch Ihre Resonanzschwingung in Ihr Leben ziehen? Erfolg, Gesundheit, eine Begegnung ...
Machen Sie sich jetzt einmal für irgendetwas resonanzfähig – *jetzt* – und lassen es permanent geschehen!
Im Laufe des Tages, wenn es Ihnen wieder einfällt, schauen Sie hin: Geschieht es noch? Wie ist meine Resonanzfähigkeit jetzt?
Lassen Sie Ihre Resonanzfähigkeit für sich arbeiten. Ganz gleich, ob Sie Kunden brauchen, Patienten, mehr Umsatz, neue Räume, einen Arbeitsplatz, den richtigen Partner, einen günstigen Zufall, die Erweiterung Ihrer Grenzen. Lassen Sie das, was Ihnen wichtig ist, ab jetzt permanent geschehen.
Das bedeutet nichts anderes als das Erbe antreten! *Laotse* sagte: Ohne zu tun, bleibt nichts ungetan. Genau das ist es! Sie tun scheinbar nichts, trotzdem geschieht es.
Wenn Sie wollen, können Sie sich komplette Lösungen für Aufgaben oder Situationen im Schlaf einfallen lassen – intuitiv. Das ist angewandte Intuition im Alltag. Sie machen sich abends z. B. bewusst: Ich brauche mehr Klienten ... wie viele ... wann. Was kann ich tun? Vereinbaren Sie Ihre Empfangszeit, Ihr Empfangsritual: Morgen früh, wenn ich Tee trinke, weiß ich die Antwort.
Aber Sie brauchen sich nicht einmal die Lösungen dafür einfallen zu lassen. Sie können es einfach über Nacht geschehen lassen, wie gesagt: „Den Seinen gibt's der Herr im Schlaf." Aber nur den *Seinen!* Die anderen müssen sehen, wo sie bleiben bzw. müssen arbeiten.

„Wer nicht aufwachen will, muss arbeiten", könnten wir unsere Erkenntnis auf den Punkt bringen.
Sie können aber noch eine andere Anwendung der Intuition nutzen. Sie versetzen sich an Ihr Ziel, egal welches. Sie stellen sich vor, Sie sind am Ziel. Sie haben das erreicht, was Sie wollten, die Klienten zum Beispiel. Sie haben mehr als Sie verkraften können. Sind Sie ganz im Ziel, in der Erfüllung, dann stellen Sie sich vor, Sie erzählen es jemanden, wie Sie es gemacht haben.
Der Gesprächspartner kommt zu Ihnen und fragt: „Ich bin auch Lebensberater. Ich will so gerne mehr Klienten, Sie haben so viel Erfolg. Verraten Sie mir, wie Sie das gemacht haben?"
Und dann erzählen Sie es ihm. Hören Sie sich zu, was Sie ihm erzählen, denn Sie sind gerade dabei, sich an Ihre Zukunft zu erinnern. Haben Sie es Ihrem Gesprächspartner erzählt, ganz genau mit den Details, dann machen Sie es so! Das heißt also, ins Ziel versetzen und vom Ziel aus erinnern, wie Sie das Ziel erreicht haben. Setzen Sie es dann in die Praxis um! Auf diese Weise brauchen Sie viel weniger Energie, denn die visierte Zukunft geschieht ja fast von selbst. Nur wenige Hindernisse müssen beseitigt werden. Ihr Tun besteht vor allem im Beseitigen von Hindernissen!
Nutzen Sie dabei ständig die Ampelintuition, damit Sie die Intuition auch dann erreicht, wenn Sie gerade beschäftigt sind. Sie können sich aber auch ganz auf jemanden einstimmen. Ja, Sie könnten mit dem anderen kontemplativ verschmelzen und können als *er* eine Entscheidung treffen.
Vor allem aber sollten Sie sich bewusst machen, dass Sie das Geheimnis der Wandlung intuitiv richtig nutzen:

Ich kann alles und jederzeit zu einem Erfolg wandeln. Mag eine Situation noch so verfahren sein, noch so aussichtslos, noch so schwierig. Sie wissen, Sie können es in diesem Augenblick wandeln. Vielleicht haben Sie eine solche Situation, die bisher unglücklich gelaufen ist. Und Sie machen sich jetzt bewusst: Ich kann sie jetzt wandeln. Die Fantasie zeigt mir *wohin* und die Intuition zeigt mir *wie.*

Ich frage die Fantasie: Wie wäre es denn ideal? Wie würde es mir gefallen? Wie würde es stimmen? Und dann frage ich die Intuition: Wie mache ich das? Wie erreiche ich das? Ich muss immer nur von der absoluten, vollkommenen Wirklichkeit ausgehen: Ich kann alles, was geschieht, jederzeit in etwas anderes verwandeln. Es ist das Geheimnis der Wandlung. Und dann zeigt mir die Intuition, wie ich es mache: wann, womit und mit wem.

Wieder ist nichts weiter zu tun. Ich richte mein Bewusstsein darauf, halte das Ziel im Bewusstsein und lasse mir von der Intuition nur noch zeigen, wie ich hinkomme.

Sie machen intuitiv aus allem, was Ihnen wert ist, getan zu werden, ab jetzt einen Erfolg. Das Leben kann nicht anders. Denn wenn Sie es geistig vollzogen haben, tritt es ja nur in Erscheinung. Sie schaffen den Samen, das Leben bringt dann die Erscheinung hervor.

Übung 16:
Ein Ziel intuitieren

Wir können durch gezielte Intuition jeden beliebigen Endzustand in Erscheinung treten lassen. Wenn wir bei Bewusstsein sind, sollten wir davon ständig Gebrauch machen, die Dinge so zu gestalten, wie sie sein sollten, wie sie stimmig und schöpfungsgerecht sind, ganz gleich in welchem Bereich. Und wir können das multidimensional, mehreres gleichzeitig. Das heißt also, ich mache mir in meinem Leben bewusst, wo immer eine zu ändernde Situation ist ...
Lassen Sie uns diese Übung als Höhepunkt dieses Intuitionstrainings jetzt vollziehen:
Stellen Sie sich eine kleinere oder größere Sache vor, einen Mangel, eine Unstimmigkeit, etwas, das nicht so ist, wie es sein sollte. Sie wählen die Situation aus und stellen sich vor, wie diese Situation sein sollte (das Ideal, den erwünschten Endzustand), wie Sie es gerne hätten.
Der erste Schritt ist also träumen. Ich verwende dieses Wort gern, weil es die richtige Energie hat. Im Traum verwirklichen wir Lebensfülle – nicht die Grenzen der Realität, die wir uns gesetzt haben, sondern wir trauen uns zu träumen. Also trauen Sie sich einmal, diese Situation, die Sie ändern wollen, in die stimmige schöpferische Idealsituation umzuträumen.
Und während Sie die Situation umträumen, erleben Sie sich um, das heißt, Sie gehen in die Identifikation mit sich selbst. Sie machen sich bewusst, wer Sie sind, wer da träumt.
Sie erkennen sich als den Schöpfer, der gerade sein Leben gestaltet. In dieser Selbstidentifikation richten Sie Ihr Bewusstsein auf den erwünschten Endzustand und halten ihn so lange gerichtet, bis es vollbracht ist.

Das beginnt damit, dass Sie sich allmählich erinnern, wie es geschehen ist. Sie erinnern sich Schritt für Schritt an den Weg zum Ziel, wie dieser erwünschte Endzustand entstanden ist. Und während Sie sich erinnern, identifizieren Sie sich mit dem erwünschten Endzustand.

Damit Sie keine Chance haben, in den Verstand zu sinken, machen wir immer zwei Dinge gleichzeitig: Halten Sie Ihr Bewusstsein auf den erwünschten Endzustand gerichtet und nehmen Sie ihn in Besitz, indem Sie sich mit diesem erwünschten Endzustand identifizieren. Das kann zum Beispiel geschehen – beides gleichzeitig –, indem Sie erleben, wie Sie jemandem erzählen, wie Sie das Ziel erreicht haben. Und wiederum nehmen Sie eine weitere Dimension hinzu: Während Sie jemandem in allen Einzelheiten erzählen, wie Sie das erwünschte Ziel erreicht haben, fühlen Sie in sich die Dankbarkeit, die Freude, am Ziel zu sein, das geschafft zu haben. Und damit wird es Teil Ihres Lebens. Damit nehmen Sie es in Besitz.

Dabei lassen Sie sich normalerweise sehr viel Zeit (nicht unter 30 Minuten, möglichst eine Stunde). Denn in den ersten 30 Minuten geht noch der Verstand damit um, hat Argumente dafür oder dagegen. Wenn Sie dabei bleiben, schwenkt er allmählich in die Linie ein und wird zum Helfer.

Erst dann geschieht Wesentliches. Es beginnt also frühestens bei 30 Minuten, bleiben Sie einfach dran. Sie erzählen immer neuen Leuten, was Sie erreicht haben mit immer anderen Worten, wie Sie es erreicht haben. Sie spüren immer deutlicher die Freude, die Dankbarkeit, die Genugtuung. Vor allen Dingen: Sie nehmen so das Ziel in Besitz. Sie machen aus Zukunft Gegenwart. Und dazu lassen Sie sich ein bisschen Zeit.

In Ihrer lichten Innenwelt – irgendwo da drinnen – sitzen Sie mit jemandem zusammen oder stehen bei jemandem und sprechen darüber, wie Sie das Ziel erreicht haben, fühlen die Freude, und dann lassen Sie die beiden weiter reden und wenden sich anderen Dingen zu. Aber Sie beenden die Unterredung nicht. Die beiden stehen immer noch zusammen, und die Unterhaltung geht weiter. Auch die Freude geht weiter, dieses erfüllende Gefühl am Ziel zu sein, alles das lassen Sie bestehen.
Das ist ein sehr wichtiger Schritt, der anfangs ungewohnt ist: Sie wenden sich etwas anderem zu, obwohl das Erste noch nicht beendet ist, und bleiben dran. Schauen Sie immer wieder mal rein, ob die beiden sich noch unterhalten, ob noch alles in Ordnung ist, während Sie weitergehen. Lassen Sie die beiden das Ziel, das Sie erreichen wollen, jetzt erfüllen.
Es kann dabei eine Hilfe sein, dass Sie die Technik des Umkreisens anwenden. Sie schreiben etwas, das Ihnen wichtig ist, auf die Mitte eines Blattes (ein Wort, einen Satz, mehrere Sätze, den erwünschten Endzustand) und fangen an, es mit einem Schreibgerät zu umkreisen.
Es hat folgenden Effekt: Der Verstand ist beschäftigt, denn Sie konzentrieren ihn auf dieses Wort. Er reflektiert, was es Ihnen bedeutet. Sie schauen nur auf dieses Wort. Der Körper ist beschäftigt mit dem Kreisen, und Ihr Bewusstsein kann ungehindert geschehen lassen. Mit meinen Worten: Die Kinder spielen schön, hindern nicht. Sie können währenddessen verwirklichen. Das ist der Grund für die Technik des Umkreisens.
Sie werden feststellen (nicht unter fünf Minuten!), das ist der schnellste Weg, den ich kenne, um von Stress und Tätigkeit in die Ruhe, in die Konzentration, über die Konzentration in die Kontemplation, über die Kontemplation in die Erfüllung zu kommen.

Achten Sie dabei auf die Richtung des Kreises. Sie wollen etwas in Ihr Leben rufen. Welche Handbewegung machen Sie, wenn Sie ein „Komm her?" gestisch unterstützen wollen? Sie brauchen es nur einmal ausprobieren. Und dann ist es so offensichtlich, dass Sie sich die Frage gleich beantwortet haben.
Wenn Sie allerdings etwas entfernen wollen, dann werden Sie die entgegengesetzte Richtung zum Kreisen wählen (auflösen, zum Verschwinden bringen, rauskatapultieren). Sie spüren doch die Energie: Wie mache ich das?
Wichtig ist, dass Ihr Verstand sich nur damit beschäftigt, was Sie da geschrieben haben, dass Ihr Körper kreist, bis es automatisch geworden ist, bis Sie sich darum nicht mehr zu kümmern brauchen. Das ist wie die Mutter, die den Kindern ein Spielzeug gibt und dann noch einen Moment zuschaut, ob die Kinder auch im Spiel versinken. Dann weiß sie: So, die sind jetzt beschäftigt. Beginnen Sie nun mit dem Kreisen. Der Verstand sieht sich das Wort an, Sie sind bei Bewusstsein und kreisen weiter. Der Verstand schaut weiter auf das Wort, aber Sie gehen hindurch und tauchen ein in die Verwirklichung, in die Erfüllung.
Dann wäre es gut, wenn Sie vielleicht über Ihre intuitiven Erlebnisse Tagebuch führen.
Beispiel: Sie machen sich ein Blatt mit der zu lösenden Situation. Welches intuitive Signal haben Sie empfangen? Erfolg, ja oder nein? Schreiben Sie es einfach einmal auf:
Wie war es? So bekommen Sie eine immer größere Sicherheit und ein immer größeres Vertrauen. Mit der Zeit brauchen Sie solche „Krücken" nicht mehr. Dann werden Sie sich eher wundern, wenn Sie in einer zu lösenden Situation plötzlich keine Intuition empfangen. Dann wird Sie das Fehlen eines intuitiven Einfalls stutzig machen: Was ist jetzt los? Was funktioniert hier nicht mehr?

Derweil wird es häufig Gelegenheiten geben, Ihre Intuition zu testen: am Briefkasten, am Fahrstuhl, bei der Parkplatzsuche, bei der Fahrroutenbestimmung, beim Urlaubsziel, bei der Auswahl des Hotels, bei allem... fragen Sie Ihre Intuition nach dem Ergebnis. Lagen Sie intuitiv richtig oder daneben?
Diese Übungen machen wir, um daraus zu lernen! Wenn Sie nicht erfolgreich waren, was haben Sie falsch gemacht? Wie hat sich das angefühlt? Wie fühlte es sich an, als Sie intuitiv richtig lagen? Was ist der Unterschied? Energetisch. Können Sie das unterscheiden?
Dann wissen Sie nämlich vorher schon, ob etwas erfolgreich sein wird, weil Sie die Energie bereits wahrnehmen. (So fühlt sich bei mir Erfolg und so fühlt sich Misserfolg an. So bin ich sicher in der Intuition, so nicht). Gerade diese wichtige Unterscheidung werden Sie immer sicherer vollziehen können.
Um diese Unterscheidung zu trainieren, ist es sicherlich sehr hilfreich, wenn Sie eine solche Liste in einem Intuitionstagebuch führen.

Schöpfungsgerecht leben

Wenn wir in diesem Selbst-Bewusstsein leben wollen, sollten wir vor allem dafür sorgen, dass wir Zeit genug haben, diese spirituelle Reife auch in Erscheinung treten zu lassen.

Dazu gehört zunächst, dass unser Werkzeug Körper heil wird und bleibt, dass unser Leben stimmt, dass wir frei sind, als Mitschöpfer die Schöpfung zu gestalten; dass es uns frei steht, den Grad unseres Bewusstseins zu bestimmen; dass es uns frei steht, wie weit wir bereit sind, die eigene Vollkommenheit in Besitz zu nehmen.

Dazu gehört, dass ich immer wieder einmal in die Zeitlosigkeit eintrete und vielleicht irgendwann bereit bin, ganz in der Zeitlosigkeit zu leben. Das bedeutet dann nicht, dass ich in dieser Zeitlosigkeit nicht bestimmte Termine haben kann. Es wird in meiner Zeitlosigkeit gewisse Zeitpunkte geben, aber ich kann trotzdem außerhalb der Zeit leben: In meinem ewigen Sein, in dem Alter nicht geschieht, in dem auch die natürliche Wesenheit des Körpers als ein sich ständig in Erneuerung befindliches Potenzial wirken kann.

Wenn ich so stimme, dann brauche ich mich um mein Werkzeug Körper nicht mehr zu kümmern. Ich bin frei für das, was mir wichtig ist.

Dann entscheiden Sie vollkommen frei, wie Ihre Zukunft aussehen wird. Sie entscheiden, wann dieses erleuchtete Bewusstsein, das Sie sind, in Ihrem Leben in Erscheinung tritt. Sie können sich hineinversetzen, es in die Gegenwart mitnehmen und im Meisterbewusstsein leben. Es spricht nichts dagegen. Es ist Ihre Entscheidung.

Machen Sie sich dazu bewusst: Es gibt keine höhere Instanz im Universum, die Ihnen eine Aufgabe zuteilt, der Sie Rechenschaft abzulegen hätten, die Sie richtet. Sie sind die eine Kraft und Sie bestimmen, was geschieht. Und wenn es für Sie stimmt, stimmt es für das Ganze. Ihre Stimmigkeit ist immer schöpfungsgerecht. Das ist eigentlich das große Wunder! Jeder von uns hat in diesem Leben eine Aufgabe, wir haben sie uns zu Beginn dieser Inkarnation selbst gegeben, und es ist Zeit, sich daran zu erinnern und die Aufgabe umzusetzen. Ob wir auf diesem Weg sind, zeigt uns, ob wir in Freude und Leichtigkeit leben, ob wir unser Leben stimmig zu gestalten in der Lage sind.

Mit anderen Worten: Wenn wir uns egozentrisch verhalten, können wir nicht stimmig leben. Es gibt immer wieder „unerwartete Störungen“: Unsere Gesundheit spielt nicht mit, unsere Lebenspartner spielen nicht mit, unsere Mitarbeiter spielen nicht mit. Egozentriker sind ständig von Spielverderbern umgeben und stehen sich am Ende selbst im Wege. Leben wir jedoch stimmig und lassen uns von der Intuition führen, dann ist unser Leben auch schöpfungsgerecht, wir brauchen uns über unseren Beitrag zur Schöpfung keine großen Gedanken zu machen. Stimmig lebend sind wir die Schöpfung.

Es gibt dann nichts mehr zu tun, Sie brauchen nur noch geschehen zu lassen und können auch in der größten Aktivität in sich ruhen.

Und in diesem Bewusstsein schauen Sie einmal auf Ihr Leben und prüfen: Was ist mir wichtig? Was soll in meinem Leben geschehen, jetzt, wo ich bereit bin?

Im gleichen Augenblick, wo Sie sich entscheiden, geschieht es. In diesem Bewusstsein gibt es keine Zeitverzögerung, denn sind Sie außerhalb der Zeit, und es geschieht immer alles sofort. Auch wenn es innerhalb der

Zeit länger dauert, um in Erscheinung zu treten: Es ist geschehen.

Jetzt können Sie sich in Ihrem Leben zurücklehnen und sich bewusst machen: Was hätte ich gern? Und alles ist möglich. Von nun an haben Sie einen sicheren Führer durch Ihr Leben, Ihre Intuition.

Ihre Intuition bestimmt nicht, was Sie tun sollen: Ihre Intuition zeigt Ihnen nur, was stimmt. Sie entscheiden, ob Sie bereit sind, dem zu folgen oder nicht. Sie haben die Wahl. Das ist das größte Geschenk. Menschen, die meinen, sie müssten sich ihrem Schicksal demütig ergeben, haben dieses Geschenk nicht angenommen.

Wenn Sie bereit sind, dann gibt es keine Alternative mehr. In der Vollkommenheit gibt es keine Auswahl: Sie leben als Ziel am Ziel. Sie sind frei. Nicht nur in dieser Inkarnation, sondern Sie können die Form wechseln, Ihre Individualität auflösen, als Tropfen in den Ozean zurückkehren – Sie haben einfach alle Möglichkeiten.

Sie sind erwacht, und die Intuition zeigt Ihnen den Weg wie ein Licht, das Sie nicht verfehlen können.

Allerdings haben Sie auch keine Ausrede mehr. Sie können nie mehr sagen, Sie hätten es nicht gewusst. Aber es ist auch niemand da, der Ihnen Vorwürfe macht, wenn Sie es trotzdem nicht tun. Und Sie sollten es auch nicht machen. Machen Sie sich nie mehr für irgendetwas Vorwürfe. Sie haben noch nie im Leben einen Fehler gemacht und Sie werden auch nie mehr einen tun. Sie treffen Entscheidungen und machen Erfahrungen. Die Erfahrungen helfen Ihnen, andere Entscheidungen zu treffen, und jede einzelne ist gut. Alles ist gut, so wie es ist!

Wenn ich das weiß, dann bin ich wirklich am Ziel. Ich freue mich, dass wir miteinander in sehr kurzer Zeit diesen Weg gegangen sind. Alles Gute auf dem Weg.

Nutzen Sie alle Ihre Möglichkeiten, vor allem aber: Genießen Sie den Weg, denn es gibt nichts mehr zu erreichen, Sie sind am Ziel. Seien Sie gesegnet und seien Sie ein Segen.

Stichwortverzeichnis

A
Aikido 108 f.
Albtraum 50
Archiv, inneres 95
Aura 62
Auserwählt 97

B
Berufung 212 f.
Bewusstsein(s-)
–, erleuchtetes 229
–, erwachtes 117
–, höchstes 82
–, höheres 69
–, kritisches 138
–, rationales 138, 141
–, schöpferisches 87 ff.
–, unerwachtes 218
–, unpersönliches 50
-niveau 113

C
Chakra 71
Chance 60, 79, 81, 173, 176, 225
Charisma 175
Cocooning 22

D
Denken, ganzheitliches 70
Disharmonie 169

E
Ego(-) 60 ff., 63, 80 ff., 91 f., 110, 133, 157, 163 ff., 193, 207
-befreit 165
-Bewusstsein 177
-falle 163
-los 208
-revolte 163
-zentriker 230
-Zielsetzung 167
Einflussnahme 103
Energie(-)
–, fließende 132, 154
–, grenzenlose 153
–, kommunikative 36
–, kosmische 153, 156
–, positive 112
–, schamanische 175
-bewusstsein 35
-feld 25, 38, 62, 65, 71, 100, 112, 158,189, 200
Entspannung 143
Erfüllung 167, 227
Erinnerungsbank 52
Erlebniszentrum 66
Erleuchtung 65, 117
Ernährung 100 f.
Erwartungsdruck 63
Evolution 25, 29, 43 f., 90, 157, 178

F
Frieden, innerer 96

G
Gedächtnis, energetisches 52
Genialität 136 f.
Genie 97, 136, 205
Gewinnermentalität 55
Gott 37, 44, 82, 143, 157 f., 160, 180
Grundenergie 112, 131
Gruppen-
-bewusstsein 113
-energie 112

H
Harmonie 76, 138
Hauptenergie 129 f.
Heilen 197
Heil-
-energie 156
-kraft 155
Heilung(s-) 153, 155 f., 210 ff., 216, 220
-feld 154
Hektik 60

I
Ich-Bewusstsein 121
Ich-Ebene 124
Ich-Struktur 21
Ich-Verkapselung 23
Identifikation 109, 111, 161
Impuls, telepathischer 34
Inkarnation 30, 90 f., 129 f., 158 f., 167, 171, 175 ff., 192, 217, 230 f.
Inspiration 32
Intuitionstraining 99 f., 103, 139, 141, 224
Involution 43, 180
Ist-Zustand 87

K
Karma 208
-los 208
Koan 127
Kommunikationskanal 102, 152
Kontemplation 226
Körperbewusstsein 38, 83, 90, 209
Krankheit 76, 80, 216
Kronenchakra 62, 83, 209

L
Lebensenergie 53
Lernen 84
Lern-
-impuls 47
-prozess 47
Lesen 28
–, energetisches 36
Liebe 110, 113, 126, 154
Loslösen 82

M
Meditation(s-) 67, 91, 133, 144, 156
-Übung 63
Meister-
-bewusstsein 90, 160, 229
-prüfung 111
Miteinandersein 170

Mitte 102 f., 105, 188, 226
–, eigene 113
Mittelpunkt 209

O
Offenbarung 65
Opfer(-) 48, 58, 86, 163, 191, 201, 209, 216
–.optimistisches 49
-bewusstsein 192
-haltung 46
-rolle 209
Partner 101, 155, 170 ff., 187 ff.
Prophezeiung 97

S
Scheitelchakra 153
Schöpfer-Bewusstsein 48, 141, 217
Schule, hohe 32
Schutzengel 203 ff., 211
Schwingung 73
Seele 68
Segen 161
Sein(s)
–, Ebene des 81
–, ewiges 161
–, Grundstruktur des 175
–, kosmisches 36
–, Leichtigkeit des 78 f.
Selbst-
-Akzeptanz 175
-Bewusstsein 190
–, hohes 44
-Identifikation 83, 224
-Verwirklichung 24
Signal
–, archaisches 30
–, primitives 31
Spielverderber 230
Stress 58

T
Tages-Bewusstsein 145
Telepathie 32 f., 141, 187
Toleranz 80
Traum(-) 44 f., 49 ff., 224
-bewusstsein 50

U
Übung, meditative 65
Unendlichkeit 39
Universum 38 f., 48, 72, 82, 84 f., 88, 127, 191, 212
Verhaltensweise 50
Verstandesbewusstsein 179
Vision 50
Vollkommenheit 174, 215, 231

W
Wachtraum 201
Wahrheit(s-) 215 f.
-gehalt 215
Wahrnehmungskanal 116
Weltbild 25
Wesensenergie 132
Wir-Bewusstsein 170
Würde 77

Z
Zustand, meditativer 65

Über den Autor

Kurt Tepperwein ist Heilpraktiker und Therapeut. Seit 1997 ist er Dozent an der Internationalen Akademie der Wissenschaften und leitet den Arbeitskreis Mental-Training. Seine Trainingsmethoden verhalfen u.a. Spitzensportlern und Top-Managern zu Erfolg und stabilen Leistungen. Im mvgVerlag hat er bereits zahlreiche Bestseller veröffentlicht.

Mehr Kurt Tepperwein bei mvg

- **Mit Herz und Verstand alles erreichen:** Wachsen Sie über sich hinaus
  2. Auflage, Taschenbuch
  ISBN 3-636-07056-8
- **Vom Beruf zur Berufung:** So erlangen Sie mehr Erfolg und Zufriedenheit im Leben
  Taschenbuch
  ISBN 3-636-07003-7
- **Die hohe Schule des Erfolgs:** Das 30-Schritte-Programm
  2. Auflage, gebunden mit Schutzumschlag
  ISBN 3-478-72300-0
- **Super-Intuition:** So entwickeln Sie Ihre verborgenen geistigen Fähigkeiten
  2. Auflage, Taschenbuch
  ISBN 3-636-07077-0
- **Die Botschaft deines Körpers:** Die Sprache der Organe
  16. Auflage, Taschenbuch
  ISBN 3-636-07058-4
- **Du machst mich krank:** Warum viele Beziehungen so ungesund sind – Die Sprache der Symptome erkennen und verstehen
  4. Auflage, Taschenbuch
  ISBN 3-636-07057-6
- **So geben Sie Ihr Bestes:** Ein ganzheitliches Mentaltraining in 7 Stufen
  Taschenbuch
  ISBN 3-636-07178-5
- **Krankheiten aus dem Gesicht erkennen:** Pathophysiognomie
  9. Auflage, Taschenbuch
  ISBN 3-636-07073-8
- **Krise als Chance:** Wie man Krisen löst und zukünftig vermeidet
  7. Auflage, Taschenbuch
  ISBN 3-636-07099-1
- **Die Kunst der Partnerschaft:** Das Geheimnis von Liebe, Sexualität und Harmonie
  2. Auflage, Taschenbuch
  ISBN 3-636-07089-4
- **Loslassen, was nicht glücklich macht:** Der Weg zur inneren Freiheit
  13. Auflage, Taschenbuch
  ISBN 3-636-07097-5
- **Was dir deine Krankheit sagen will:** Die Sprache der Symptome
  7. Auflage, Taschenbuch
  ISBN 3-636-07096-7